26 novembre 1888

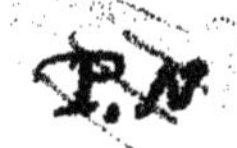

Vente du 26 Novembre au 4 Décembre 1888

(SALLES SILVESTRE)

CATALOGUE

DE

LIVRES ANCIENS

ET MODERNES

DANS TOUS LES GENRES

IMPRESSIONS GOTHIQUES — RELIURES ANCIENNES

LIVRES ARMORIÉS

SCIENCES MÉDICALES. — BEAUX-ARTS

LIVRES A FIGURES DES XVIe, XVIIIe ET XIXe SIÈCLES. — RÉIMPRESSIONS

DE LEMERRE ET AUTRES

ROMANTIQUES. — VOYAGES. — BIBLIOGRAPHIE, ETC., ETC.

PARIS

LABITTE, ÉM. PAUL ET Cie

LIBRAIRES DE LA BIBLIOTHÈQUE NATIONALE

4, RUE DE LILLE, 4

SUCCURSALE ET SALLES DE VENTES AUX ENCHÈRES

28, rue des Bons-Enfants (Ancienne Maison Silvestre)

1888

Paris. — Typ. G. Chamerot, 19, rue des Saints-Pères. — 23327.

LA VENTE AURA LIEU

du Lundi 26 Novembre au Mardi 4 Décembre 1888

à sept heures et demie du soir

A LA SUCCURSALE DE LA LIBRAIRIE LABITTE, ÉM. PAUL ET Cie

28, Rue des Bons-Enfants (Ancienne Maison Silvestre)

SALLE No 2

Par le Ministère de Me **MAURICE DELESTRE,** Commissaire-Priseur

27, RUE DROUOT

Assisté de **M. Émile PAUL,** libraire-expert

4, RUE DE LILLE

ORDRE DES VACATIONS

				Numéros.
Première Vacation.	— *Lundi 26 Novembre 1888.*			1 à 190
Deuxième Vacation.	— *Mardi 27*	—	—	191 à 370
Troisième Vacation.	— *Mercredi 28*	—	—	371 à 562
Quatrième Vacation.	— *Jeudi 29*	—	—	563 à 750
Cinquième Vacation.	— *Vendredi 30*	—	—	751 à 940
Sixième Vacation.	— *Samedi 1er Décembre 1888.*			941 à 1120
Septième Vacation.	— *Lundi 3*	—	—	1121 à 1303
Huitième Vacation.	— *Mardi 4*	—	—	1304 à 1494

A la fin de chaque vacation
il sera vendu un ou plusieurs lots de bons livres

CONDITIONS DE LA VENTE

La vente se fait expressément au comptant.

Les acquéreurs payeront 5 p. 100 en sus des enchères, applicables aux frais.

Il y aura exposition chaque jour de vente, de 2 à 4 heures, de livres qui seront vendus le soir.

Les livres devront être collationnés dans les vingt-quatre heures de l'adjudication. Passé ce délai, ou une fois sortis de la salle de vente, ils ne seront repris pour aucune cause.

M. Émile PAUL, chargé de la vente, remplira les commissions des personnes qui ne pourraient y assister.

CATALOGUE

DE

LIVRES ANCIENS ET MODERNES

RARES OU CURIEUX

THÉOLOGIE.

1. L'Imitation de Jésus-Christ, fidèlement traduite du latin par Michel de Marilhac. Edition nouvelle, soigneusement revue et corrigée. *Paris, Techener*, 1854, pet. in-12, pap. vergé, maroq. rou., dent. intér., tr. dor. (*Capé*).
   Exemplaire du Comte de la Bédoyère.

2. Le Grand mystère de Jésus, passion et résurrection ; drame breton du moyen âge, avec une étude sur le théâtre chez les nations celtiques, par le Vte de la Villemarqué. *Paris, Didier*, 1865, in-8, frontisp. pap. verg. de Holl., br.

3. La Cité de Dieu de Saint Augustin, traduction nouvelle par Em. Saisset. *Paris, Charpentier*, 1855, 4 vol. in-12, br.

4. Traité de la situation du paradis terrestre, par Mess. Pierre Daniel Huet, nommé à l'Evesché d'Avranches. *Paris, Jean Anisson*, 1691, in-12, frontisp. et carte, maroq. rou., fil., tr. dor. (*Aux armes de France*).

5. Recueil de lettres critiques sur les vies des saints, par Baillet. *S. l.*, 1720, in-12, v. f., fil., tr. sup. dor. (*Koehler*).

6. Les véritables actes des Martyrs, par le R. P. D. Thierry Ruinart et trad. en français par Drouet de Maupertuy. *Paris, L. Guérin*, 1708, 2 gros vol. in-8, v. gran.

7. Sancti Augustini Hipponensis Episcopi. Aliqua opera insigniora adversus Pelagianos et eorum reliquias. *Romæ*, 1652, pet. in-8, maroq. rou., fil., dent., ornem. à petits fers sur les plats, tr. dor.

Exemplaire aux armes du Cardinal Altiéri Paluzzio Paluzzi. Belle reliure italienne du XVIIe siècle, bien conservée.

8. Quadragesimale novum editu ac predicatû a quodam fratre minore de observantis in inclita civitate Basilien. de filio prodigo r de angeli épius ammonitône salubri p. sermones divisu. (*In fine*) *Impressum, Basilee, per Mich. Furter, civê Basilien.*, 1495, pet. in-4, goth. à 2 col., cart. (*Piqûres de vers*).

Sermonaire très-rare, à l'usage des frères prédicateurs de l'Observance de Bâles, renfermant 16 curieuses figures sur bois.

9. Elans amoureux et saints entretiens d'une âme dévôte, par F. Philippe d'Angoumois prestre capucin. *Paris, Buon*, 1629, in-12, vélin blanc, fil. compart., tr. dor. (*Rel. anc.*).

10. Discours de Monseign^r Guillaume Le Blanc, èveque de Grasse et de Vance à ces (sic) diocésins, touchant l'affliction qu'ils endurent des loups en leurs personnes, et des vermisseaux en leurs figuiers en la présente année 1597, *Tournon, Claude Michel*, 1598, pet. in-8 de 221 pp. v. m.

Bel exemplaire de l'édition originale de cet ouvrage curieux et rare.

11. Le Tableau de la mort des justes : prins sur la religieuse fin du R. P. Ange de Joyeuse, Provincial des capucins, par André Chavyneau, religieux minime. *A Chambéry, par les frères Du Four*, 1610, in-12, v. br.

Très rare.

12. Ristretto della vita, virtù, e miracoli del beato Pio V sommo pontefice dell'Ordine de predicatori (par Ang. Ténassi). *Roma*, 1672, in-12, portr., maroq. rou., fil., dent., ornem. à petits fers, tr. dor.

Exemplaire aux armes du Cardinal Altiéri Paluzzio Paluzzi

13. Vies intéressantes et édifiantes des religieuses de Port-Royal et de plusieurs personnes qui leur étaient attachées, (publ. par l'abbé P. Le Clerc). *S. l., Aux dépens de la Compagnie*. 1750-52, 4 vol. in-12, carton., n. rog.

14. Les Eloges et vies des Reynes, Princesses, Dames et Damoiselles illustres en piété, courage et doctrine, qui ont

fleury de nostre temps, et du temps de nos pères. Avec l'explication de leurs devises, emblèmes, hyérogliphes et symboles, par F. Hilarion de Coste, Religieux de l'ordre des Minimes de St-François de Paule. *Paris*, 1630, in-4, maroq. rou., fil., dos orn. à petits fers, tr. dor. (*Jolie reliure ancienne*).

15. Virginie de Leyva ou intérieur d'un couvent de femmes en Italie au commencement du dix-septième siècle, par Philarète Chasles. *Paris*, 1862, in-12, portrait, br.

16. Lettres et discours de Gerbert, traduits par Louis Barse. *Riom*, 1847, 2 vol. in-12, br.

17. Discours sur l'histoire universelle, à Mgr. le Dauphin pour expliquer la suite de la religion et les changemens des empires, par J. B. Bossuet. *Paris, Séb. M. Cramoisy*, 1681, in-4, v. f., fil. (*Légères mouill.*).

Edition originale.

18. Œuvres complettes de M. Le C. de B*** (Bernis). *Londres*, (*Cazin*), 1779, 2 vol. in-18, mar. r., fil. tr. dor. (*Anc. rel.*)

19. Œuvres du Cardinal de Bernis. *Paris, impr. de Didot l'aîné*, an V, gr. in-8, portr. en médaill. sur le titre grav. par Le Mire, dem.-maroq. brun, n. rogn. dos orn. (*Thouvenin*)

Exemplaire en papier vélin, auquel on a ajouté le portrait de Bernis, grav. par Le Mire et une suite de 5 jolies figures *avant la lettre*, grav. à l'aqua-tinta.

20. Mémoires de Daniel Huet évêque d'Avranches, traduit pour la première fois du latin en français par Ch. Nisard. *Paris, Hachette*, 1853, in-8, br.

21. Histoire de la chute des Jésuites au XVIIIe siècle (1750-1782) par le Cte Alexis de Saint Priest. *Paris*, 1844, in-8, carton., n. rog.

22. Satyres chrestiennes de la cuisine papale. *Réimpression, faite à Genève pour M. Gustave Révilliod, par J. Guil. Fick*, 1857, 1 vol. in-8, pap. vergé, br. (*Tiré à petit nombre*).

23. Papa mulier sive de vera et infallibilis narratio de Papa Joanne VIII foemina, scripta in B. Lutheri, Hunnii, Mylii, Gesneri. *Witerbergæ*, 1699, in-12, v. vert, (*Armoiries*).

Exemplaire Didot.

24. Les Œuvres posthumes de M. Claude. *Amst.*, 1688, 5 vol. in-8, portr., v. br.

25. Essai historique et topographique sur la tribu de Juda par G. Rey. *Paris, s. d.*, in-4, planches n. et color. grande carte pliée, br.

26. Tableau naturel des rapports qui existent entre Dieu, l'Homme et l'Univers (par L. C. de Saint-Martin). *A. Edimbourg*, 1782, 2 tomes en 1 vol. in-8, v. fauve, gaufré.

27. Pensées de M. Pascal sur la religion et sur quelques autres sujets qui ont été trouvées après sa mort parmi ses papiers. *Paris, G. Desprez*, 1670, in-12, vél. bl.

JURISPRUDENCE.

PHILOSOPHIE — MORALE — POLITIQUE.

---

28. Curiosités des anciennes justices d'après leurs registres par Desmaze. — Supplices prisons et grace en France, par le même. *Paris, Plon*, 1866-67, 2 vol. in-8, br.

X 29. Les Voleurs, physiologie de leurs mœurs et de leur langage, par Vidocq. *Paris*, 1837, 2 vol. in-8, br.

---

30. Mémorables Enseignements et exemples moraux et civils, tirez des dits et faits des hommes illustres grecs et romains de Plutarque et de Sénèque, mis par ordre et chapitres selon les matières, par Claude Delandes, Secrétaire de l'Université de Vallence. *Tournon, Claude Michel et Guil. Linocier*, 1601, pet. in-12, maroq. rou, dent. intér., tr. dor. *(Hardy)*.

Ouvrage très-rare, bel exemplaire.

31. Les Essais de Michel Seigneur de Montaigne. Edition nouvelle exactement corrigée selon le vray exemplaire, enrichie à la marge du nom des auteurs cités et de la version

de leurs passages mise à la fin de chaque chapitre. Avec la vie de l'auteur plus deux tables. *Paris, J. Camusat,* 1635, in-fol. frontisp. — portrait grav., parch.

Edition recherchée, donnée par Mlle de Gournay, avec l'intéressante préface, supprimée plus tard dans l'édition de 1640.

31. Réflexions ou sentences et Maximes morales, 5e édition augmentée de plus de cent nouvelles maximes (par le Duc de La Rochefoucauld). *Paris, Claude, Barbin,* 1678, in-12, v. br.

32. Discours de la méthode pour bien conduire sa raison, et chercher la vérité dans les sciences : plus la dioptrique, les météores et la géométrie (par Descartes.) *Leyde, J. Maire,* 1637, in-4, fig. v. br.

' Edition originale des ces quatre traités dont le premier a tant contribué à établir la réputation de l'auteur.
Annotations manuscrites.

33. Essais de littérature et de morale. *Paris,* 1802, in-8, portrait (ajouté) pap. vél., dem.-maroq. vert., n. rogn. *(Rare).*

Ces Essais sont de Mlle de Meulan depuis Mme Guizot, il n'existe qu'un petit nombre d'exemplaires de ce volume.

34. Fragments sur divers sujets de religion et de morale (par la duchesse de Broglie). *Paris, Imp. Roy.,* 1840, gr. in-8, dem. mar. br. *(Relié sur brochure).*

35. Les Diverses leçons de Pierre Messie, mises de Castillan en françois, par Cl. Gruget Parisien, *Tournon, Claude, Michel,* 1604, 1 vol., in-8, en 2 vol., mar. rou. fil. tr. dor. *(Reliure ancienne.)*

Court de marges du haut et raccommodage au f. a. 3. pag. 5.

36. Règlement donné par une dame de haute qualité (Jeanne de Schomberg, duchesse de Liancourt) à M***, sa petite fille (la princesse de Marsillac), pour sa conduite et pour celle de sa maison. *Paris, Lequerrier,* 1698, in-12, v. gran.

37. Portrait ou le véritable caractère de la coquette (par Félix de Juvenel) *Paris, Ch. de Sercy,* 1685, in-12, de 264 pp. — La coquette vengée, in-12 de 48 pp. *(Hardy-Mennil).*

Bel exemplaire à toutes marges de ce livre rare. Le feuillet 264 de la 1re partie est daté de Pezenas le 30 Avril 1659.

38. Les Politiques d'Aristote. Esquelles est montrée la science de gouverner le genre humain en toutes espèces d'estats publiques, trad. de grec en françois, par L. Le Roy dict Regius. *Paris, Vascosan*, 1572, in-fol., texte réglé, v. f., fil., (*Aux armes du président de Thou*).

39. Dialogues de Platon, (traduit par l'abbé Grou). *Amsterdam*, 1770, 2 vol. — Loix de Platon. (par le même) *Amsterdam*, 1769, 2 vol. Ensemble 4 vol. in-8, v. f. fil., dent. intér. tr. dor.

40. Œuvres de Platon ; nouvelle édition précédée d'une esquisse de la philosophie de Platon, par M. Schwalbé et d'une introduction à la république par M. Aimé-Martin. *Paris*, 1845, 2 vol. gr. in-8 à 2 colon., dem.-mar. rou., n. rog. (*Taches de rousseur*).

---

41. L'Esprit, ou l'Ambassadeur, le Secrétaire, et le Père de famille. Traittez excellens (sic) de Torquato Tasso, mis en nostre langue par J. Baudoin. *Paris, Toussainct du Bray*, 1632, pet. in-8, v. fauve, fil. compart.

Exemplaire dans une jolie reliure du XVIIe siècle, à dos plat.

42. Du Gouvernement civil (par J. Locke), trad. de l'Anglais (par David Mazel). *Amsterdam. Abr. Wolfgang*, 1691, in-12, carton. n. rog.

43. Considérations politiques sur les coups d'état, par G. N. P. (par Gabriel Naudé, parisien). *A Rome*, 1639, in-4, maroq. rou., dent. tr. dor.

Edition originale de ce célèbre ouvrage dont il n'a été tiré que 12 exemplaires. Celui-ci porte sur la garde l'inscription mss. suivante. *Auctoris amicissimi dono.*

Très bel exemplaire, en parfait état de conservation.

44. Discours sur l'origine et les fondemens de l'inégalité parmi les hommes, par J.-J. Rousseau. *Amsterdam*, 1755, in-8, frontisp. par Eisen, carton., n. rog.

45. Dieu, Patrie, Liberté, par Jules Simon. 5e édit. *Paris, C. Lévy*, 1883, in-8, br.

SCIENCES DIVERSES

46. Exposition du système du monde, par le Mis de Laplace. *Paris*, 1836, 2 vol. in-8, port. dem. mar. bl. avec coins.

47. L'Atmosphère, description des grands phénomènes de la nature, par Camille Flammarion. *Paris, Hachette*, 1872, gr. in-8, 15 planches chromolith. et 228 grav. sur bois. br.

48. Les Mouvements de l'atmosphère et les variations du temps par Marié Davy. *Paris, Masson*, 1877, gr. in-8, 24 cartes en couleur, fig. dans le texte, br.

49. La Terre, description des phénomènes de la vie du globe par Elisée Reclus. *Paris, Hachette*, 1868-69, 2 vol. gr. in-8, de 827 et 771 pp. 437 fig. et 51 cartes en couleur, br.

50. Les Terres du ciel. Description astronomique, physique, climatologique, géographique des planètes qui gravitent avec la terre autour du soleil et de l'état probable de la vie à la surface, par Cam. Flammarion. *Paris, Didier*, 1877, très gr. in-8, illustré br.

51. Pensées diverses écrites à un docteur de Sorbonne, à l'occasion de la comète qui parut au mois de décembre 1680. (Par P. Bayle). — Continuation des pensées diverses, etc. *Rotterdam, Leers*, 1721, 4 vol in-12, v. f. (*Aux armes de Bernard de Rieux.*)

52. Mémoires sur les Halos et les phénomènes optiques qui les accompagnent, par A. Bravais. *Paris, Bachelier*, 1847, in-4, 4 planches, br.

53. Etudes sur les inondations, leurs causes et leurs effets par Vallès. *Paris*, 1857, in-8, carte br. Etude sur les phénomènes, l'aménagement et la législation des Eaux au point de vue des inondations, par Monestier-Savignat. *Paris*, 1858, gros in-8, 6 pl. br.

54. Le Monde de la mer, par Alfred Frédol. *Paris, Hachette*, 1865, gr. in-8, de 632 pp. br.

X

Illustré de 21 planches sur acier tirées en couleur et 200 vignettes sur bois.

55. Les Races humaines, par Louis Figuier. *Paris, Hachette*, 1872, gr. in-8, de 636 pp. br.

Ouvrage illustré de 334 gravures sur bois et de 8 chromolith.

56. Le Comte de Gabalis, ou entretiens sur les sciences secrètes, (par l'Abbé de Montfaucon de Villars). *Paris, Claude Barbin*, 1670, in-12, v. f. tr. dor.

57. De speculo ustoriæ, ignem ad propositam distantiam generante, liber unicus. Ex quo duarum linearum semper appropinquantium, et nunquam concurrentium colligitur demonstratio. Orontio Finæo Delphinate, regio mathematico authore. *Lutetiæ Mich. Vasconi*, 1551. — Perpectivæ stereo-graphicæ pars specialis, authore Joan. A. Grano, alias ziarnko Leopoliensi Poloni. *Parisiis, Sevestre*, 1629. — Les Usages du quadrant à l'esguille aymantée, par Jean Tarde, Chanoine théologal de Sarlat. *Paris, J. Gesselin*, 1621. 3 ouvr. en 1 vol. in-4, fig. parch.

Volume provenant de la bibliothèque de J. A Rabaut-Pommier conventionnel, frère puiné de Rabaut-Saint-Etienne. Le premier ouvrage contient des dessins de perspective exécutés à la main.

58. Problemes plaisans et délectables qui se font par les nombres, par Claude Gaspar Bachet, sieur de Méziriac. *Lyon*, 1624, in-8, v. fil.

59. Des Tumeurs oultre le Coustumier de Nature ; opuscule traduict de Grec en latin et de latin en françoys. *Lyon, Estienne, Dolet*, 1542, pet. in-8, de 30 pp. (*Les marges lattérales sont un peu rognées*)

Ce petit livre rare, sorti des presses d'Etienne Dolet, a été traduit du grec de Galien, par maistre Pierre Tolet, médecin de l'hopital de Lyon.

BEAUX-ARTS

ARCHITECTURE. — PEINTURE. — SCULTPURE. — BIOGRAPHIES D'ARTISTES, ETC.

60. Architecture ou art de bien bastir de Marc Vitruve Pollion *Paris*, 1547, in-fol., texte réglé, portr. et fig. sur bois, v. m.

61. Nuova Pianta di Roma data in luce da Giambattista Nolli, l'anno 1748, in-fol., 18 pl, doubl., vélin vert.

Beau plan de Rome finement gravé, dans le genre du plan de Paris de Turgot.

62. Histoire de l'habitation humaine depuis les temps préhistoriques, jusqu'à nos jours, texte et dessins par Viollet-le-Duc. *Paris, Hetzel*, s. d., gr. in-8, frontisp. color. 103 fig. dans le texte, br.

63. Histoire d'une maison, texte et dessins par Viollet-le-Duc. *Paris, Hetzel*, s. d., gr. in-8, planch. noires et color., fig. dans le texte, br.

64. Histoire du mobilier recherches et notes sur les objets d'art qui peuvent composer l'ameublement et les collections de l'homme du monde et du curieux, par A. Jacquemart. avec une notice sur l'auteur par Barbet de Jouy. *Paris, Hachette*, 1876, gr. in-8, br.

Ouvrage contenant plus de 200 eaux-fortes typographiques

65. Du costume militaire des Français en 1446, par René de Belleval. *Paris*, 1866, gr. in-8, 4 planches, pap. de Holl. br.

66. Traité de la gravure à l'eau-forte, texte et planches, par Maxime Lalanne. *Paris*, 1866, in-8, pap. de Holl., br.

Illustré de 8 planches à l'eau-forte.

67. Des Gravures en bois dans les livres d'Anthoine Verard, maître libraire, imprimeur, enlumineur et tailleur sur bois, de Paris. 1485-1512. Par J. Renouvier. *Paris, Aug. Aubry*, 1859, 30 pp. in-8, figure, pap. verg., dem.-mar. bleu av. coins, tr. sup. dor., n. rog. (*Raparlier*).

68. Des Gravures sur bois dans les livres de Simon Vostre, libraire d'heures, par J. Renouvier, avec un avant propos par G. Duplessis. *Paris, Aubry*, 1862, 22 pp. in-8, figures, pap. vergé, dem.-mar. Laval. av. coins tr. sup. dor., n. r. (*Raparlier*).

69. Discours prononcez dans les conférences de l'Académie royale de peinture et de sculpture, par M. Coypel, premier peintre du Roy. *Paris, J. Collombat*, 1721, in-4, v. f.

70. Sentimens des plus habiles peintres sur la pratique de la peinture et sculpture mis en tables de préceptes, par H. Testelin, peintre du Roy. *Paris*, 1696, in-fol., belles planches grav., cart.

71. Raphaël et l'antiquité, par Gruyer. *Paris, Renouard*, 1864, 2 vol. in-8, br.

72. Raphaël peintre de portraits, fragments d'histoire et d'iconographie sur les personnages représentés dans ses portraits, par F. A. Gruyer. *Paris, Renouard*, 1881, 2 vol. in-8, br. n. coupés.

73. Etude sur Jean Cousin suivie de notices sur Jean Leclerc et Pierre Woeïriot, par Ambroise Firmin Didot. *Paris, Firmin, Didot*, 1872, gr. in-8, port., br.

74. L'Œuvre gravé de Rembrandt, étude monographique, par Francis Seymour Haden. *Paris*, 1880, broch. gr. in-8.

75. Recherches sur quelques artistes Lorrains, par Meaume. *Nancy*, 1852, in-8, de 67 pp. br.

76. Les Peintres de Laon et de Saint-Quentin. De la Tour, né à St Quentin, par Champfleury. *Paris*, 1855, in-8, br.

77. Etude sur la vie et sur l'œuvre de Jean Duvet dit le Maître à la Licorne, par Jullien de La Boullaye. *Paris*, 1876, in-8, front. br.

Jean Duvet né à Langres est le premier maître français qui ait gravé au Burin.

78. Les Andelys et Nicolas Poussin, par E. Gandar. *Paris, Renouard*, 1860, in-8, br.

79. Le Poussin, sa vie et son œuvre, par Bouchetté. *Paris, Didier*, 1858, gr. in-8, br.

80. Pierre Puget peintre, sculpteur, architecte, décorateur de vaisseaux, par Léon Lagrange. *Paris, Didier*, 1868, gr. in-8, br.

81. Recherches historiques biographiques et littéraires sur le peintre Lantara, etc. par Emile B. de la Chavignerie. *Paris*, 1852. in-8, fig. br.

82. Rude, sa vie, ses œuvres, son enseignement. Considérations sur la sculpture. *Paris*, 1856, in-8. portr. br.

83. Les Apocryphes de la peinture de portrait à propos de l'émail de Petitot gravé en tête du livre de M. de Noailles sur Madame de Maintenon, par Feuillet de Conches. *Paris*, 1849, gr. in-8, de 48 pp., br.

84. Dictionnaire général des lettres, des beaux-arts et des sciences morales et politiques, par Bachelet et Dezobry. *Paris, Delagrave*, 1879, 2 vol. gr. in-8. fig. dans le texte, dem.-mar. v.

85. Œuvres de Bernard Palissy, avec des notes, par MM. Faujas de Saint Fond et Gobet. *Paris, Ruault*, 1777, in-4, v. marb. fil.

Cet exemplaire contient 6 pp. de notes biographiques mss. sur B. Palissy. Aux armes de Louis XV.

86. Les Emaux cloisonnés anciens et modernes. par Ph. Burty. *Paris*, 1868, in-12, fig. noires et color. pap. vergé de Holl. br.

87. Les trois musées de Londres. le British museum. La National Gallery. Le South Kensington Museum, étude statist. de leurs progrès, de leurs richesses, par Triqueti 1861, gr. in-8, br.

88. Un coin du tableau ; mai 1871. Catalogue raisonné d'une collection d'ouvrages rares et curieux, anciens et modernes, détruite au palais du Conseil d'Etat du 23 au 24 mai 1871. *Paris*, 1872, 70 pp. in-8, br.

89. Description des estampes exposées dans la galerie de la bibliothèque impériale, attribuée au cabinet depuis l'année 1854, et formant un aperçu historique des produits de la gravure, par Duchesne. *Paris, Renouard*, 1855, in-8, carton., n. rog.

90. Catalogues d'estampes, portraits et pièces historiques, règne de Louis XVI, aérostats, révolution de 1789, composant le cabinet de M. Laterrade. *Paris*, 1858-59, 3 parties en 1 vol. in-8, dem.-chagr. rou. av. coins tr. sup. dor., n. rog. (*Avec prix*).

91. Iconographie de la reine Marie-Antoinette. Catalogue descriptif et raisonné de la collection de portraits, pièces historiques et allégoriques, caricatures, etc. formée par Lord Ronald Gower, précédé d'une lettre par Georges Duplessis. *Paris*, *Quantin*, 1883, in-4, nombreuses planches bistres et à la sanguine, dem.-mar. citron avec coins tr. sup. dor., n. rog.

92. Le Pourtraict de l'iconophile parisien painct au vif, par Bonnardot. *Paris*, 1852, in-12, dem.-mar. Lavall. avec coins.

Tiré à petit nombre.

93. De Paris à Venise ; notes au crayon par Ch. Blanc. *Paris*, *Hachette*, 1857, in-12 fig., dem.-mar. or.

LIVRES ILLUSTRÉS ET SUITES DE FIGURES.

94. Joseph, par M. Bitaubé, quatrième édition. *Paris*, *Didot aîné*, 1786, dem. mar. v. avec coins, tr. sup. dor. n. rog. (*Lhuinte*).

Cette édition contient : 1 portrait par Cochin gravé par St Aubin, et 9 figures par Marillier, gravées par Née

95. Charles IX, ou l'Ecole des Rois, tragédie ; par Marie Joseph de Chénier. *Paris*, *Didot, jeune*, 1790, in-8, 3 fig. par Borel, broché.

Exemplaire en papier vélin avec les figures *avant la lettre*.

96. The Odissey of Homer engraved, by Thomas Pirolé from the compositions of John Flaxman sculptor. *Rome*, 1793, in-4, obl. pap. vergé, 24 pl. cart.

97. Quatre-vingt-treize, par Victor Hugo. *Paris, Quantin*, 1877, très gr. in-8, illustré, pap. vélin, br. (*Edition tirée à 100 exempl.*) N° 32.

98. Fables de Florian, illustrées par Grandville. *Paris, Dubochet*, 1842, gr. in-8, mar. bl. fil. tr. dor.

99. Le Trésor littéraire de la France, Recueil en prose et en vers, des morceaux empruntés aux écrivains les plus renommés et aux personnages les plus remarquables de notre pays, depuis le XIIIe siècle, jusqu'à nos jours, pub. par la société des gens de lettres. *Les Prosateurs. Paris. Hachette*, 1866, gr. in-8, br.

Edition illustrée de 40 gravures sur bois, tirée à part par Bayard.

100. Galerie des femmes célèbres par Sainte-Beuve. Illustrée de 12 portraits gravés au burin, d'après les dessins de Staal. *Paris, Garnier, Frères*, 1859, gr. in-8, dem. mar. Laval.

101. Picciola, par X.-B. Saintine. Trente-neuvième édit., eaux-fortes par Flameng. *Paris, Hetzel, s. d.*, gr. in-8, demi chagr. viol. n. rog.

102. Le Jardin d'acclimatation illustré, animaux et plantes, par P. A. Pichot, avec une préface par Geoffroy-Saint-Hilaire, ouvrage contenant 12 planches gravées sur acier et color. à la main, 28 planches tirées en noir et un grand nombre de figures intercalées dans le texte. *Paris, Hachette*, 1873, gr. in-8, carton, d'éditeur, tr. sup. dor. n. rogné.

103. Le Ranz des vaches (Kuhreigen) de Gruyère. Chanson de vigneron (Winzerlied) illustrés par G. Roux. Avec une notice littéraire de L. Favrat. *Berne, s. d.*, in-4, grav. sur bois par Perrichon, Buri et Jeker, carton.

104. Expédition de Constantine. Suite de 12 planches de Raffet en 1 vol. in-fol. oblong. dem. v. vert. (*Belles épreuves sur chine*).

105. Fac-simile of the illustrated Artic News, published on board H. M. S. Resolute capt[n] Horatio T. Austin, C. B. in search of the expedition under sir John Franklin. *London*, 1852, in-fol. illustr. n. et color. cart.

Curieuses caricatures coloriées.

106. Portraits de personnages célèbres. Epreuves anciennes et modernes. 16 pièces de divers formats, dont plusieurs sur chine avant la lettre, et eaux-fortes.

Voltaire. — Corneille. — Escobar. — Arnauld. — Archimèdes. — Mme de Tencin. — Descartes. — Montaigne. — Piron. — Nicole. — Molière. — Henri IV. — Pascal. (*Dessin à l'aqua-tinte*).

107. Suite de 25 figures de Marillier, dont un portrait de J. J. Rousseau, pour les œuvres de J. J. Rousseau. format in-18, à toutes marges. (*Belles épreuves*).

108. Suite de 49 fig. pour les Romans, la Henriade et la Pucelle de Voltaire, grav. d'après Martinet, Deveria, Chasselat, in-12.

109. Suite de 60 figures dont un portrait pour les œuvres de J. J. Rousseau, grav. par Dupréel d'après Moreau et autres, format in-8. (*Mouillures*).

Epreuves avant les numéros, tirées in-8.

ARCHÉOLOGIE

110. Nouveaux mélanges d'archéologie, d'histoire et de littérature sur le moyen age, par les auteurs de la monographie des vitraux de Bourges (Ch. Cahier et Arth. Martin de la Cie de Jésus) ; collection publiée par le P. Ch. Cahier. Bibliothèques. *Paris, F. Didot*, 1877, gr. in-4, planch. noires et color. et fig. dans le texte, br.

111. Archéologie celtique et gauloise, mémoires et documents relatifs aux premiers temps de notre histoire nationale par Alex. Bertrand. *Paris, Didier*, 1876, in-8, cartes color., figures, br.

112. Gros de Boze. Recueil de trois pièces en 1 vol. in-8, 1705, v. gran.

Dissertation sur le culte que les anciens ont rendu à la déesse de la santé. Médailles. — Dissertation sur le Janus des anciens et sur quelques médailles qui y ont rapport. Médailles. — Explication d'une inscription antique trouvée depuis peu à Lyon. Planches et médailles.

113. Le Laurentin ; maison de campagne de Pline le jeune, restituée d'après la description de Pline, par Haudebourt. *Paris*, 1838, tr. gr. in-8, fig. et vign., carton., n. rog.

114. L'Acropole d'Athènes, par E. Beulé. *Paris. Didot*, 1854, 2 vol. gr. in-8, 8 planches, br.

ARTS DIVERS

115. Discours sur la Castramétation et discipline militaire des Romains, par Guillaume Du Choul, gentilhomme Lyonnais. *Lyon, G. Rouille*, 1554, pet. in-fol., fig. sur bois, gr. papier. dem. v. f.

116. L'Art de naviguer de Maistre Pierre de Médine Espaignol : contenant toutes les reigles, secrets, et enseignemens nécessaires, à la bonne navigation, trad. de castillan en françoys, avec augmentation et illustration de plusieurs figures et annotations par Nicolas de Nicolai du Dauphiné, Géographe du très chrestien Roi Henry II. *Lyon, Guil. Rouille*, 1554, in-fol. cartes et fig. sur bois. — Les illustrations de Gaule et singularitez de Troye par maistre Jean Le Maire des Belges, le tout reveu et fidèlement restitué par maistre Ant. du Moulin Masconnois. *Lyon, Jean de Tournes*, 1549, 2 ouv. en 1 vol. in-fol., texte réglé, v. br., fil. compart., tr. cisel. (*Armoiries*).

117. L'Amiral de France, et par occasion, de celuy des autres nations, tant vieilles que nouvelles, par le Sr. de la Popellinière. *Paris, Thomas Périer*, 1584, pet. in-4, v. m.

Aux armes de H. J. Nompar de Caumont, duc de la Force.

118. La manière d'amolir les os et faire cuire toutes sortes de viandes en fort peu de temps et à peu de frais, par Papin. *Amst.*, 1688, in-12, pl. grav., br.

119. Les Musiciens célèbres depuis le seizième siècle, jusqu'à nos jours par Félix Clément. *Paris, Hachette*, 1868, gr. in-8 de 680 pp. br.

Ouvrage illustré de 44 portraits gravés à l'eau-forte par Masson, Deblois et Massard, et de 3 reproductions héliographiques d'anciennes gravures.

120. Maugars célèbre joueur de viole, musicien du Cardinal de Richelieu par Thoinan. *Paris Claudin*, 1865, broch. in-8, pap. vergé, br. (*Tiré à petit nombre*).

121. L'Entretien des musiciens, par le Sr Gantez, maitre de chapelle, pub. d'après la rarissime édition d'Auxerre, 1643, par Thoinan. *Paris*, 1878, in-8, dem. mar. r. avec coins, tr. sup. dor. non rogn.

Ouvrage tiré à 100 exempl. en gr. papier de Hollande, frontisp. en trois états, épreuves avec la lettre et avant la lettre.

122. Mémoires de Hector Berlioz, Membre de l'Institut, 1803-1865. *Paris, Michel Lévy*, 1870, 509 pp. gr. in-8, dem.-v. v.

123. La Musique française au XVIIIe siècle. Gluck et Piccini, 1774-1800, par Gust. Desnoiresterres. *Paris, Didier*, 1872, in-8, br.

124. La Chasse de Gaston Phoebus, comte de Foix, pub. par Joseph Lavallée. *Paris*, 1854, gr. in-8, fig. dans le texte, cart. n. rogn.

125. La Cueillete de la Soye par la nourriture des vers qui la font, échantillon du théâtre d'agriculture d'Olivier de Serres. *Paris, Jamet Mettayer*, 1599, in-8, vél. bl. fil., tr. dor. (*Jolie reliure ancienne*).

126. Etudes sur le vin, ses maladies, causes qui les provoquent, procédés nouveaux pour le conserver et pour le vieillir, par L. Pasteur. *Paris, I. I.*, 1866, in-8, fig. (42), broché.

BELLES LETTRES

LINGUISTIQUE — ART ORATOIRE — EPISTOLAIRES.

127. Histoire de l'Instruction publique en Europe et principalement en France depuis le christianisme jusqu'à nos jours. Universités. — Collèges. — Ecoles des deux sexes. — Académies. — Bibliothèques publiques, etc. etc., par Vallet de Viriville. *Paris*, 1849, in-4, pl. n. et color. fig. dans le texte, dem. chagr. rou., n. rogn.

128. Rapport sur le progrès des lettres par MM. S. de Sacy, P. Féval, Th. Gauthier et Ed. Thierry. *Paris, Imp. Imp.* 1868, gr. in-8, dem.-chag. viol. tr. sup. dor. n. rog.

129. Traité de versification française par L. Quicherat. *Paris, Hachette,* 1850, in-8, br. — Dictionnaire de la langue française au XIIe et au XIIIe siècle, par C. Hippeau. *Paris, Aubry,* 1873, 2 tomes en 1 vol. in-8, br.

130. Dictionnaire de l'Académie française. 7e édition. *Paris, Firmin, Didot,* 1878, 2 vol. in-4, de 903 et 967 pp. br.

131. Nouveau dictionnaire de rimes (Attribué à Nicolas Fremont d'Ablancourt. *Paris, Louis Bilaine,* 1667, pet. in-8, v. br.

132. Dictionnaire de la langue française, par Littré. *Paris, Hachette,* 1863-72, 4 vol. — Supplément, 1878, 1 vol. — Ensemble, 5 vol. in-4, cartonnés ou en livraison.

133. Traicté de la gramaire française (par Robert Estienne). *Paris, J. du Puis,* 1569. — Gallicæ gramatices libellus (auct. Robertus Stephanus). *Parisiis, J. du Puis,* 1569. — Traicté de la conformité du langage françois avec le grec par H. Estienne. *Paris, J. du Puis,* 1569. — 3 ouvr. en 1 vol. in-8, maroq. olive, fil., tr. dor. (*Rel. anc.*)

134. Récréations philologiques ou recueil de notes pour servir à l'histoire des mots de la langue française, par F. Génin. *Paris,* 1856, 2 vol. in-8, br.

---

135. Traité de l'action de l'orateur ou de la prononciation et du geste par M. Conrart. *Paris, Seb. Cramoisy* 1686. in-12, frontisp. demi v. f. tr. sup. dor. n. rog.

136. Le Discours d'Isocrate sur lui-même intitulé, sur l'Antidosis, trad. en français, par Aug. Cartelier, revu et publ. par Ernest Havet. *Paris, Imp. Imp.* 1862, gr. in-8, br.

---

137. Lettes choisies du Sr de Balzac. *Amst. chez les Elzeviers.* 1656, in-12, mar v. fil.

Bel exemplaire, relié sur brochure.

138. Recueil des lettres de Madame la marquise de Sévigné à Madame la contesse de Grignan, sa fille. *Paris, Nicolas Simart*, 1734-37, 6 vol. in-12, portrait, veau. (*Reliure rapareillée*).

139. Lettres inédites de Voltaire recueillies, par M. de Cayrol, *Paris, Didier*, 1856, 2 vol. — Voltaire à Ferney, sa correspondance avec la duchesse de Saxe-Gotha, publ. par Evariste Bavoux. *Paris, Id.* 1860, 1 vol. Ens. 3 vol. gr. in-8, demi-cuir de russie n. rogn.

140. Lettres de Madame de Rémusat, 1804-1814, publ. par son petit fils Paul de Rémusat. *Paris*, 1881, 2 vol. in-8, portrait par Lalauze, br.

141. Correspondance de Béranger, recueillie par Paul Boiteau. *Paris, Perrotin*, 1860, 4 vol. gr. in-8, br.

142. Lettres de deux jeunes amies. (Par J.-L.-H. Genet, dame Campan). *Paris, de l'Imp. de Plassan*, 1811, gr. in-8, v. v. gauf. fil. et compart., tr. dor. (*Ducastin*).

POÈTES ANCIENS ET MODERNES

143. Les poésies du duc Charles d'Orléans, pub. sur le manuscrit original de la bibliothèque de Grenoble par Aimé Champollion-Figeac. *Paris*, 1842, in-8, pap. vélin, dem.-mar. r. avec coins, tr. sup. dor. n. rog.

144. Trium poetarum elegantissimorum. Porcelii, Basinii, et Trebani opuscula, nunc primum diligentia eruditissimi viri Christ. Preudhomme Barro-ducani in lucem-aedita. *Parisiis, Sim. Colinæum*, 1539. — Joan. Girardi Divionensis. Poemata. *Lugduni*, 1558, 5 part. ou ouvr. en 1 vol. in-8, v. br.

145. La Philomèle, poème latin attribué à Albus Ovidius Juventinus, publ. par Ch. Nodier. *Paris*, 1829, 73 pp. gr. in-8, pap. de Chine, dem.-mar. rou. av. coins.

146. Mémoires de Lorenzo d'Aponte, poète vénitien, collaborateur de Mozart, trad. par D. de La Chavanne. *Paris*, 1869, gr. in-8, br.

147. Theodori Bezæ Vezelii poemata. *Lutetiæ, ex off. Conradi Badii*, 1548, pet. in-8, portr. grav. sur bois, maroq. vert, fil., dent., tr. dor.

Bel exemplaire des poésies latines de Théodore de Bèze.

148. Le Siècle d'or, et autres vers divers (par Bérenger de la Tour d'Albenas). *Lyon, Jean de Tournes*, 1551, pet. in-8, texte réglé, v. vert, fil. tr. dor.

Poëte très rare. Exemplaire bien conservé.

149. Les Premières œuvres poétiques de Mademoiselle Marie de Romieu vivaroise, contenant un brief discours, que l'excellence de la femme surpasse celle de l'homme, non moins récréatif que plein de beaux exemples (et autres poésies). *Paris, Lucas Breyer*, 1581, pet. in-12, mar. rou. fil. tr. dor. *(Lardière)*.

Ce recueil a été publié par Jacques de Romieu, frère de l'auteur. Il est de toute rareté.

150. Les Travaux sans travail de Pierre Davity de Tournon en Viveroys, avec le tombeau de Madame la duchesse de Beaufort, dédié à Monseigneur le duc de Vendôme. *Rouen, P. l'Oyselet*, 1609, in-12, mar. rou. tr. dor. *(Niedrée)*.

151. Les Poésies de messire François de Malherbe précédées de sa vie par le Mis de Racan : texte revu et annoté par Ludovic Lalanne. *Paris, Hachette*, 1862, gr. in-8, pap. vél. br.

152. Béroalde de Verville (F.). Les appréhensions spirituelles, poëmes et autres œuvres philosophiques : Avec les recherches de la pierre philosophale. — Les Soupirs amoureux. Avec un discours satyrique de ceux qui escrivent d'amour, par N. Digne. — L'idée de la République. — Dialogue de la vertu. *Paris, T. Jouan*, 1583-84, 4 ouvr. en 1 vol. in-16, v. br.

153. Œuvres de Regnier, édition Louis Lacour, *imprimée par D. Jouaust. Paris, Académie des Bibliophiles*, 1867, in-8, pap. vergé de Holl., br.

154. Les Poésies de Gombauld. *Paris, Aug. Courbé*, 1646, in-4, v. f. fil., dent. int. tr. dor.

Bel exemplaire aux armes du comte de Villeneuve, provenant de la vente Guy Pellion.

155. Les Advis et présens de la demoiselle de Gournay, 3e édition augmentée, revüe et corrigée. *Paris, J. du Bray*, 1641, in-4, beau portrait grav., maroq. vert, dent. int. tr. dor. *(Duru)*.

Exemplaire provenant de la bibliothèque Double.

156. La Semaine, ou création du monde, du sieur Christofle de Gamon, contre celle du sieur du Bartas. *S. l. (Genève), Petit*, 1609, pet. in-12, dem.-mar. v. avec coins.

157. Le Jardinet de poésie de C. D. G. (Gamon). *Lyon, Claude Morillon*, 1600, in-12, mar. rou. tr. dor. *(Chambolle-Duru)*.

158. L'Epistre de M. Malingre, envoyée à Clément Marot : en laquelle est demandée la cause de son département de France. Avec la responce dudit Marot. *Paris, Tross*, 1868, pièce in-8 vign. et culs-de-lampes, texte encadré, br. *(Réimpression tirée à 90 exempl.)*

159. Maucroy. Œuvres diverses, publiées par Louis Paris. *Paris*, 1854, 2 vol. in-8, gr. pap. vergé v. f. fil., tr. dor. *(Petit)*.

Bel exemplaire.

160. Poésies de Chevreau. *Paris, Ant. de Sommaville*, 1656, in-8, v. f. fil., tr. dor. *(Duru)*.

161. Les Chevilles de Me Adam, menuisier de Nevers. *Rouen, Cailloué et Viret*, 1654, in-8, v. marb.

162. Œuvres diverses du sieur D*** (Boileau-Despréaux). Avec le traité du sublime ou du merveilleux dans le discours, trad. du grec de Longin. *Amst., Ant. Schelte (Au Quærendo)*, 1695, 2 tomes en 1 vol. in-12, frontisp. et fig. grav., maroq. vert, dent. intér. tr. supér. dor. non rogné. *(Capé)*.

Bel exemplaire relié sur brochure de cette jolie édition imprimée avec des caractères elzéviriens.

163. Les Philippiques de La Grange-Chancel. Mémoires pour servir à l'histoire de La Granche-Chancel et de son temps, en partie écrits par lui-même avec des notes historiques et littéraires, par M. de Lescure. *Paris*, 1858, in-12, br.

164. Les Œuvres de Monsieur le Chevalier de Méré. *Amsterdam, P. Mortier*, 1692, 2 vol. in-12, frontisp. v. gr.

165. Poësies de Monsieur le marquis de La Farre. *Amsterterdam, J. F. Bernard,* 1755, in-16, v. f., fil. dent. intér., tr. dor. *(Capé).*

166. Œuvres choisies de Gresset. *Paris, imprim. de Didot l'aîné,* 1781, in-18, portr. et jolies figures de Moreau le jeune, dem.-maroq. rou., non rogné.

Jolie édition imprimée par ordre du comte d'Artois, sur pap. vergé fin.

167. Ollivier ; poëme, par M. Cazotte. *Paris, Didot,* 1780, 2 tomes en 1 vol. pet. in-12, mar. v. tr. dor.

168. Poésies érotiques, par Le C^er de Parny. *A l'Isle de Bourbon,* 1778, in-12, de 64 pp. cart.

Exemp. en gr. pap. vélin.

169. Les Jardins ou l'art d'embellir les paysages ; poëme, par M. l'Abbé de Lille. *Paris, Didot,* 1782, pet. in-12, mar. bl. fil. dent. intér. tr. sup. dor. n. rog. *(Petit).*

170. Poésies de Voltaire. Poèmes et discours. *Paris, Didot,* 1823, 5 vol. in-8, portrait, dem. mar. r. avec coins tr. sup. dor. n. rog.

171. Le Rat iconoclaste, ou le jésuite croqué, poëme héroï, comique en vers et en six chants, (par Guyton-Morveau né à Dijon). *Paris,* 1810, in-8, pap. vélin, portrait gravé, maroq. brun, fil. compart. tr. dor. *(Bauzonnet).*

Ouvrage tiré à un petit nombre d'exemplaires, avec une lettre autogr. de l'auteur.

Exempl. du Comte de La Bédoyère.

172. Iambes, par Aug. Barbier. *Paris, Urbain Canel et Ad. Guyot,* 1832, in-8, br.

Edition originale.

THÉATRE

173. Maistre Pierre Patelin, texte revu sur les manuscrits et les plus anciennes éditions avec une introduction et des notes par F. Génin. *Paris, Chamerot,* 1854 gr. in-8, dem. mar. citr. av. coins, tr. sup. dor., n. rog.

174. Tragédie françoise, à huict personnages traictant de l'amour d'un serviteur envers sa maîtresse, et de tout ce qui en advint, composée par Jean Bretog, de S.-Sauveur de Dyve. *Lyon, Noel Grandon*, 1571, pièce in-8, cart.

Réimpression faite par M. G. Duplessis. Impr. par Garnier à Chartres. Tiré à 60 exemplaires

175. Tyr et Sidon, tragi-comédie divisée en deux journées (par J. de Schélandre). *Paris, imp. de Robert Estienne* 1628, in-8, titre gravé. — Les Heures dérobées. *Paris, P. Des Hayes*, 1633, en 1 vol. in-8, v. écail., fil., tr. dor.

176. Tragicomédie pastorale où les amours d'Astrée et de Celadon sont meslées à celles de Diane, de Silvandre et de Paris, avec les inconstances d'Hilas, par le sieur de Rayssiguier. *Paris, P. David*, 1632, pet. in-8, v. marb.

177. L'Honnête criminel, ou l'amour filial, drame en cinq actes et en vers, par Fenouillot de Falbaire. *Paris, Merlin*, 1768, in-8, figures de Gravelot, maroq. rou., fil. tr. dor.

Exemplaire aux armes de Rocoset de Fleury.

178. La mort de Louis XVI, tragédie en trois actes. — Le Martyre de Marie-Antoinette d'Autriche, tragédie en cinq actes. *Paris*, 1793, en 1 vol. in-12, portrait, dérel.

179. La Panhypocrisiade, ou le spectacle infernal du seizième siècle ; comédie épique, par N. L. Lemercier. — Suite de la Panhypocrisiade, ou le spectacle infernal du dixneuvième siècle, par le même. *Paris, Didot et Doyen*, 1819-32, 2 ouvr. in-8, dem.-mar. Laval., n. rog.

180. Les Sentimens de l'Académie françoise sur la tragicomédie du Cid (par Chapelain et Conrart). *Paris, J. Camusat*, 1638, in-8, v. marb. *(Exempl. en grand papier)*.

181. La Comédie de J. de La Bruyère par Ed. Fournier. *Paris, Dentu*, 1866, 2 vol. in-12, br.

182. Le Théâtre des D^{elles} de Verrières. La Comédie de société dans le monde galant du siècle dernier, par Adolphe Jullien. *Paris*, 1875, broch. gr. in-8.

183. La fameuse comédienne ou histoire de la Guérin, auparavant femme et veuve de Molière ; réimpression conforme à l'édition de Francfort 1688, accompagnée d'une préface et de notes par J. Bonnassies. *Paris, Barraud*, 1870, in-8, portrait, pap. verg. br.

184. Mémoires de M. Galdoni, pour servir à l'histoire de sa vie et à celle de son théâtre. *Paris,* 1787, 3 vol. in-8, port. par Cochin, v. f. fil. n. rog.

185. Recueil de dissertations sur plusieurs tragédies de Corneille et de Racine (publ. par l'abbé Fr. Granet, *Paris,* 1740, 2 vol. in-12, v. gran.

186. Comparaison entre la Phèdre de Racine et celle d'Euripide, par A. W. Schlegel. *Paris,* 1807, gr. in-8, demi v. f. avec coins, n. rog.

ROMANS, CONTES ET FACÉTIES

187. L'Histoire æthiopique de Heliodorus, contenant dix livres, traitant des loyales et pudiques amours de Theagenes, Thessalien et Chariclea Æthiopienne. Traduite de grec en françois, (par Jacques Amyot). *Paris, Jean Longis,* 1549, in-fol., v. m.

Exemplaire avec la signature du poëte Philippe Desportes.

188. L'Ane d'Or où la métamorphose, par Apulée, traduction de Savalète, préface de J. Andrieux, avec nombreuses gravures dessinées par A. Racinet et P. Benard. *Paris, Didot,* 1872, gr. in-8, texte encadr., dem.-mar. rou., avec coins, tr. supér. dor. n. rogn.

189. Le Roman de la Rose. *Imprimé à Paris, Jehan Du Pré,* (*XV*[e] *siècle*), in-4, texte goth. à 2 col., fig. grav. sur bois, br.

Réimpression fac-simile faite par Delarue, sur beau papier vergé, tirée à un petit nombre d'exemplaires.

190. Histoire des nobles et vaillans Chevaliers les quatre fils Aymon. Ou sont adjoustées les figures soubs chacun chapitre. *Lyon, François Didier,* 1579, pet. in-4, fig. sur bois, parch.

Edition rare de ce célèbre roman de Chevalerie, ornée de nombreuses et curieuses figures grav. sur bois.

191. Le Renard (Reineke Fuchs), par Goëthe, trad. par Ed. Grenier, illustré par Kaulbach. *Paris, collection Hetzel et Jamar,* in-4, br.

192. Hypnerotomarchie, ou discours du songe de Poliphile, déduisant comme amour le combat à l'occasion de Polia, traduit de l'italien en françois, (par J. Martin). *Paris, pour Jacques Kerver*, 1546, in-fol. de 6 et 157 ff. fig., sur bois, maroq. Laval. tr. dor. *(Hardy)*.

Ouvrage recherché pour ses jolies gravures en bois, attribuées à Jean Goujon et à Jean Cousin. La figure du feuillet 69 est en parfait état.

193. Œuvres de Rabelais, collationnées pour la première fois sur les éditions originales, accompagnées d'un commentaire nouveau par MM. Burgaud des Marets et Rathery. *Paris, Didot*, 1870, 2 vol. in-12, portrait, dem. mar. rou., tr. sup. dor., n. rogn.

194. Les Aventures du baron de Foeneste, comprises en quatre parties (par T. A. d'Aubigné). *Au Dézert, imprim. aux dépens de l'auteur*, 1630, pet. in-8, maroq., fil. compart., tr. dor. *(Veuve Niédrée)*.

Seule édition complète de ces dialogues qui ait paru du vivant de l'auteur.

195. Arioste. Roland furieux, traduction nouvelle et en prose par M. Philipon de la Madelaine. Edition illustrée de 300 vign. et de 25 magnifiques planches tirées à part sur Chine. *Paris, Mallet*, 1844, gr. in-8, br.

196. La Diane de Georges de Montemaior, divisée en trois parties, et traduites d'espagnol en français. *Tours, Jamet Mettayer*, 1592, gros in-16, v. f., fil.

197. L'Endimion de Gombauld. *Paris, Nic. Buon*, 1624, in-8, frontisp. et fig. grav., maroq. Laval.; dent. intér., tr. dor. *(Petit Simier)*.

Ouvrage recherché pour ses jolies gravures de Léonard Gaultier d'après Crispin de Pas.
Bel exemplaire réglé, et grand de marges.

198. La Satyre d'Euphormion composée par Jean Barclay. *Paris, Jean Guignard*, 1640, in-8, v. m., fil., tr. dor. (*Aux armes du comte d'Hoym*).

Cet ouvrage a été traduit de l'anglais par P. Josias Bérault, avocat au parlement de Rouen.

199. Alcidamie, par Mlle des Jardins. *Paris, Denis Thierry*, 1669, 2 vol. pet. in-8, v. f. (*Au chiffre de Soubise*).

200. L'Ingénieux hidalgo Don Quichotte de la Manche, par Miguel de Cervantes Saavedra, trad. et annoté par Louis Viardot, vignettes de Tony Johannot. *Paris*, 1836-37, 2 vol. gr. in-8, texte encad. dem. v. oli.

201. L'Ariane de Monsieur des Marets, Conseiller du Roy. De nouveau revue et augmentée et de plusieurs histoires par l'autheur. *Leyden, F. de Hegher*, 1649, pet. in-12, fig., maroq. fil., dent., tr. dor. (*Rel. anc.*).

La reliure de cet exemplaire est curieuse par l'ornementation à petits fers qui se trouve sur les plats, de même que par une date (1649), poussée sur le plat inférieur.

Exemplaire La Bédoyère.

202. Histoire de Don Pablo de Ségovie, surnommé l'aventurier Buscon, par Don Francisco de Quevedo-Villegas; trad. de l'espagnol par A. Germond de Lavigne. *Paris*, 1843, in-8 illustré, br.

203. Les Nouvelles françoises ou les divertissements de la princesse Aurélie (par Segrais). *Paris, A. de Sommaville*, 1657, 2 vol. in-8, frontisp. v. br.

On lit sur les plats de la reliure le nom du Mis d'Estampes.

204. Les Nouvelles ou les divertissemens de la princesse Alcidiane, par Madame de La Calprenède. *Paris, Ch. de Sercy*, 1661, in-8, v. gr. (*Ex libris de Bernard Dufai*).

Cet ouvrage est de Gautier de Costes sieur de La Calprenède, qui le fit paraître sous le nom de sa femme.

205. La Princesse de Clèves (par la comtesse de Lafayette). *Paris, Cl. Barbin*, 1689, 4 tom. en 2 vol. pet. in-8, v. br. (*quelques taches*).

206. Les Aventures de Télémaque, par de Fénelon. *A Paris, Didot l'aîné*, 1781, 4 vol. pet. in-12, br. (*Déchirures à 2 feuillets n'emportant pas de texte*).

207. Le Faust de Goethe, traduction revue et complète, précédée d'un essai sur Goethe, par Henri Blaze. *Paris, M. Lévy*, 1847, gr. in-8, port. et fig., br.

Edition illustrée par Tony Johannot.

208. Recueil de six pièces en 1 vol. in-8, v. gran., fil.

Le Huron ou l'ingénu (par Voltaire). *Lausanne* 1767, portrait. — Voyages et aventures d'une princesse babylonienne (par Voltaire). *Genève*, 1768. — L'Homme aux quarante écus (par Voltaire). — Chinki, histoire Cochinchinoise (par Voltaire). *Londres*, 1768. — Les vrais Quakers. *Londres*, 1771. — Boileau à M. de Voltaire (par J. M. B. Clément). *S. l.*, 1772.

209. Histoire de Jenni, ou le Sage et l'Athée, par M. Sherloc, trad. par M. de la Caille. *Londres*, 1775, in-8, dem. mar. rou., tr. sup. dor., n. rog.

210. Mémoires de miledi (*sic*) B... par Mme R. (Mlle de La Guesnerie, née à Angers). *Paris, Cuissart*, 1760, 4 tomes en 2 vol. in-12, v. f., fil.

211. La Vie de Marianne, ou les aventures de Madame la comtesse D***, par M. de Marivaux. *La Haye*, 1735-47, 12 parties en 5 vol. in-12, figures, v. gran. (*La 12e partie est cartonnée*).

212. La Dernière avanture d'un homme de quarante-cinq ans, (par Rétif de la Bretonne). *Genève et Paris, Regnault*, 1783, 2 vol. in-12, 2 frontisp., dem. mar. orange, avec coins, tr. sup. dor.

213. Les Liaisons dangereuses, ou lettres recueillies dans une société et publiées pour l'instruction de quelques autres (par Choderlos de La Clos). *Paris*, 1782, 4 parties en 2 vol. in-12, cart. n. rog.

214. Voyage autour de ma chambre, par M. le C. X*** (Xavier de Maistre). *Paris, Dufart*, 1796, in-18, figure, vélin bl., n. rogn. (*Très-rare*).

Edition originale.

215. Zélomir, par Morel (Vindé). *Paris, Didot*, 1801, in-18, figures de Lefebvre, br.

216. Jocelyn, par Lamartine. *Paris, Gosselin et Furne*, 1837, 2 vol. in-8, vignettes et culs-de-lampes, br.

217. L'Enfant du carnaval, histoire remarquable et surtout véritable. Nouvelle édition, revue et corrigée, par Pigault-le-Brun. *Paris, chez Barba*, 1798, 4 vol. in-12, jolies fig., dem. mar. citron avec coins, tr. sup. dor., n. rog.

218. Histoire d'un crime, par Victor Hugo. *Paris, Calmann Lévy*, 1877-78, 2 vol. in-8, br.

219. La Roche aux Mouettes, par J. Sandeau ; dessins par E. Bayard et Ferat, grav. par Pannemacker. *Paris, Hetzel, s. d.*, grand in-8 illustré, br.

220 Emile, fragmens, par M. Emile de Girardin. *Paris, Desrez*, 1827-1839, in-8, br.

221. Les Excentriques, par Champfleury. *Paris*, *Lévy*, 1855, in-12, dem. chagr. rou.

222. Cahier des charges des chemins de fer. Pamphlet illustré, par Bertall. *Paris, Hetzel*, 1847, in-8, br.

---

223. Les Cent nouvelles nouvelles (par Ant. de la Sale). Edition revue sur les textes originaux et précédée d'une introduction, par Leroux de Lincy. *Paris, Paulin*, 1841, 2 vol. in-12, dem. v. f.

224. Histoires ou contes du temps passé avec des moralités par Perrault. *La Haye*, 1777, in-8, frontisp. et vignettes grav., dem.-maroq. rou., non rogn.

225. Les Roués innocents, par Th. Gautier. *Paris*, 1855, in-16, dem. mar. rou. av. coins, tr. sup. dor., n. rog.

226. Contes bleus, par Edouard Laboulaye. dessins par Yan'Dargent. *Paris, Furne*, 1864, gr. in-8, mar. dem. v.

227. Les Arrests d'amours, avec l'amant rendu Cordelier à l'Observance d'Amours, par Martial d'Auvergne, dit, de Paris, accompagnez des commentaires juridiques et joyeux de Benoit de Court. *Amsterdam*, *Chanquion*, 1731, 2 parties en 1 vol. in-12, dem. mar. bl. avec coins. (*Bauzonnet*).

La seconde partie contient : Le Glossaire des anciens termes contenus dans les ouvrages précédens, qui manque souvent.

228. Eloge de l'ane, traduction libre du latin de Daniel Heinsius, par M. L. Coupé. *Paris*, 1796, pet. in-12, cart. n. rog.

POLYGRAPHES

229. Les Œuvres de Monsieur de Balzac. *Paris*, *Th. Jolly*, 1665, 2 vol. in-fol, portrait, v. br.

230. Œuvres de Pierre Lebrun, de l'académie française. *Paris*, 1844, 2 vol. in-8, br.

231. Œuvres complètes de J. J. Rousseau, mises dans un nouvel ordre avec des notes historiques et des éclaircissements, par Musset-Pathay. *Paris, Dupont*, 1823-26, 27 vol. in-8, portrait, br.

232. Œuvres et correspondance inédites de J. J. Rousseau. pub. par Strecheisen-Moulton. *Paris, M. Lévy*, 1861, 1 vol. — J. J. Rousseau, ses amis et ses ennemis, correspondance pub. par Strecheisen-Moulton avec une appréciation critique de Sainte-Beuve. *Paris, Lévy*, 1865, 2 vol. Ensemble 3 vol. gr. in-8, dem.-v. f.

233. Œuvres complètes de Shakespeare traduites par Emile Montégut. *Paris, Hachette*, 1867, 3 vol. en 50 livraisons gr. in-8, illustrées br.

234. Œuvres de Madame de Staal, (Melle Delaunay). *Paris*, 1821, 2 vol. in-8, br.

HISTOIRE DE FRANCE.

235. Introduction générale à l'histoire de France, par V. Duruy. *Paris, Hachette*, 1865, gr. in-8, br.

236. Alesia. Etude sur la septième campagne de César en Gaule, (par le duc d'Aumale). *Paris, M. Lévy*, 1859, in-8, br.

237. Tableau de mœurs au Xe siècle, ou la Cour et les lois d'Howel le Bon, publ. par Crapelet. *Paris*, 1832, gr. in-8, pap. vélin, dem.chagr. vert, av. coins, n. rog.

238. Roland ou la chevalerie, par E. J. Delécluze. *Paris*, 1845, 2 tomes en 1 vol. in-8, dem.-v. f. n. rog.

239. Relations et mémoires inédits pour servir à l'histoire de la France, dans les pays d'outre-mer, tirés des archives du ministère de la Marine et des Colonies, par P. Margry. *Paris, Challamel*, 1867, in-8, br.

240. Choniques françoises de Jacques Gondar, Clerc, pub. par F. Michel, suivies de recherches sur le style, par Charles Nodier. *Paris, Janet, s. d.*, in-12, frontisp. dem.-v. f. tr. sup. dor., n. rog.

241. Les Chroniques de J. Froissart, édition abrégée avec texte rapproché du texte français moderne, par Mme de Witt, née Guizot. *Paris, Hachette*, 1881, gr. in-8 de 840 pp., br.

Ouvrage contenant 11 planches en chromolith., 12 lettres et titres imprimés en couleur, 2 cartes, 33 grandes compositions tirées en noir et 252 gravures.

242. La Chronique d'Enguerran de Monstrelet, publ. par Doüet-d'Arcq. *Paris, Renouard*, 1857-62, 6 vol., gr. in-8, dem.v. f. n. rog.

243. La Diplomatie française vers le milieu du XVIe siècle, d'après la correspondance de Guillaume Pellicier, évêque de Montpellier, ambassadeur de François 1er à Venise, par J. Zeller. *Paris, Hachette*, 1881, gr. in-8, br.

244. Lettres des rois, reines et autres personnages des cours de France et d'Angleterre depuis Louis VII jusqu'à Henri IV, publ. par Champollion-Figeac. *Paris, I. R.*, 1839-47, 2 vol. in-4, cart., n. rog.

245. Aumale (Duc d'). Histoire des princes de Condé pendant les XVIe et XVIIe siècles. *Paris, Lévy*, 1863-64, 2 vol. gr. in-8, port. cartes, br.

246. Thrésor d'histoires admirables et memorables de nostre temps. Recueillies de plusieurs autheurs, mémoires et avis de divers endroits. Mises en lumière par Simon Goulart, Senlisien. *A Genève, pour Samuel Crespin*, 1614-20, 4 vol. pet. in-8, v. marb. fil. (*Aux armes de Mme de Pompadour*).

Exemplaire ayant appartenu à M. Monmerqué, avec son ex-libris.

247. L'Esprit public au XVIIIe siècle, par Ch. Aubertin. *Paris, Didier*, 1873, in-8, br.

---

248. Wala et Louis le Débonnaire, par Aug. Himly. *Paris, Didot*, 1849, in-8, br. — Clément V et Philippe-le-Bel. Lettre à M. Ch. Daremberg sur l'entrevue de Philippe-le-Bel et de Bertrand de Got à Saint-Jean d'Angéli, etc. par M. Rabanis. *Paris, Didier*, 1858, in-8, br.

249. L'Archiprêtre ; épisodes de la guerre de cent ans au XIVe siècle, par Aimé Chérest. *Paris, Claudin*, 1879, gr. in-8, br.

250. Jean Sire de Joinville ; histoire de Saint-Louis ; credo et lettre à Louis X, texte original, accompagné d'une traduction par Natalis de Wailly. *Paris, F. Didot,* 1874, in-4, fig. noires et en chromolithogr. pap. vergé de Holl. br.

251. Vie de Saint-Louis, par Le Nain de Tillemont publ. par J. de Gaulle. *Paris, Renouard,* 1847, 6 vol. gr. in-8, demi-v. f.

252. Œuvres complètes d'Eginhard, trad. en français, par Teulet. *Paris, Renouard,* 1840, 2 vol. gr. in-8, v. f. fil.

253. Histoire de Charles VII, roi de France et de son époque 1403-1461, par Vallet de Viriville. *Paris, Renouard,* 1862, 3 vol. in-8, br.

254. Jacques Cœur et Charles VII ou la France au XVe siècle, étude historique, par Pierre Clément. *Paris,* 1853, 2 vol, in-8, portr. br.

255. Mémoires de Pierre de Fenin, comprenant le récit des événements qui se sont passés en France et en Bourgogne sous les règnes de Charles VI et Charles VII, publ. par Melle Dupont. *Paris, Renouard,* 1837, gr. in-8, v. f. fil.

256. Jeanne d'Arc, par Wallon. *Paris, Firmin-Didot,* 1876, in-4, 14 chromolith. et 200 gravures, br.

257. Procès de Jeanne d'Arc, par J. Quicherat. *Paris, Renouard,* 1841-49, 6 vol. gr. in-8, y compris l'aperçu sur l'histoire de Jeanne d'Arc, dem.-mar. rou. non rogn.

258. Les Deux procès de condamnation, les enquêtes et la sentence de réhabilitation de Jeanne d'Arc, par O. Reilly. *Paris, Plon,* 1868, 2 vol. in-8, fig. br.

259. Les Croniques de Messire Philippe de Commines, sur les faicts de Loys unzième è de Charles huictième son fils. Rois de France. *Paris,* 1567, gros in-16, parch.

260. Louis XI et le Plessis-les-Tours, par le chevalier W. H. Louyrette et le Comte R. de Croy. *Tours,* 1841, gr. in-8, illustr. br.

261. Mémoires de Philippe de Commynes, nouvelle édition revue par R. Chantelauze. *Paris, Firmin-Didot,* 1881, gr. in-8, br.

Illustré de 4 chromolith. et de nombreuses figures sur bois.

262. Les Princes de l'Europe au XVIe siècle. François 1er, Philippe II, Catherine de Médicis. — Les Papes. — Les Sultans, par Armand Baschet. *Paris, Plon*, 1862, gr. in-8, de 616, pp. br.

263. Marguerite d'Angoulême ; son livre de dépenses (1540-1549), étude sur ses dernières années, par le Cte de la Ferrière-Percy. *Paris, Aubry*, 1862. in-12. portrait pap. verg. br.

264. Essai sur la vie et les ouvrages de Marguerite d'Angoulême, reine de Navarre, par Le Roux de Lincy. *Paris*, 1853, in-8, pap. vergé, n. rog.

265. Histoire de la vie et des faits de Louis de Bourbon surnommé le bon, premier Duc de Montpensier. Pair de France, Souverain de Dombes, contenant tout ce qui s'est passé de plus remarquable de son vivant, sous le règne des Roys Henry II, François II, Charles IX, et Henry III, par Nicolas Coustureau, Seigneur de La Jaille, mise au jour par le Sieur Du Bouchet. *Rouen, J. Cailloué*, 1645, pet. in-4, v. m.

266. Histoire de France sous le règne de Henri III, par Mézeray. *Alais*, 1844-46, 3 vol. in-8, fig. cartes, dem. v. f.

267. Le Tigre de 1560, reproduit pour la première fois en fac-simile d'après l'unique exemplaire connu et publié avec des notes, par Ch. Read. *Paris, Académie des Bibliophiles*, 1875, in-12, portrait, pap. fort de Hollande br.

268. Une Existence de grand seigneur au seizième siècle, mémoires autographes du duc Charles de Croy, publ. par le Baron de Reiffenberg. *Bruxelles*, 1845, gr. in-8, portrait et armoiries, br.

269. Histoire contenant les actions tant de guerre, de plusieurs Princes, Seigneurs et grands Capitaines françois qui ont vescu des règnes des Roys Françoys premier, Henry second, Charles neufiesme et Henry troisiesme. *Manuscrit, belle écriture du XVIIe siècle*, in-fol. de 220 pag. v. m. fil. (*Armoiries*).

270. Pièces historiques relatives au règne de Charles IX, à la Saint Barthélemy et aux Huguenots. Extraites des Archives curieuses de Cimber et Danjou. 16 broch. in-8.

271. Marie Stuart et Catherine de Médicis. Etude historique sur les relations de la France et de l'Ecosse dans la seconde moitié du XVIe siècle, par A. Chéruel. *Paris, Hachette,* 1858, in-8, br.

272. Pièces historiques du XVIe siècle, extraites des Archives curieuses de Cimber et Danjou. 16 broch. in-8.

Obsèques et trépas de Louis XII, Henri II, et Charles IX. — *Estienne.* Discours sur la vie et déportements de Cathérine de Médicis. 1574. — Assassinat du Cardinal de Guise, etc.

273. Le Bouclier de la foy, en forme de dialogue, dédié au roy Henry II, etc. *En Avignon,* par François *Tachet,* 1549, in-16, vél.

274. Mémoires du Comte de Coligny-Saligny, publ. par M. Monmerqué. *Paris, Renouard,* 1840, gr. in-8, dem.-mar. bl.

Un des quatre exemplaires ayant appartenu à M. Monmerqué il y à joint le carton de la page xlix qui contient la chanson latine supprimée.

275. Mémoires du Comte de Coligny-Saligny, publ. par M. Monmerqué. *Paris, Renouard,* 1841, gr. in-8, v. f. fil.

276. Histoire des derniers troubles de France, soubs les règnes des Rois, très chrestiens Henry III et Henri IV (par P. Mathieu). *S. l.,* 1599, in-8, de 123, ff. vélin blanc à recouvrem. ornem. sur les plats, tr. dor.

Cette édition rare contient l'acte de la Sorbonne contre Henri IV page 2 de la cinquième partie, supprimé dans les éditions postérieures. Cet ouvrage fut condamné au feu par la cour de Rome.
Exemplaire de Lebert.

277. L'Histoire des faits et de la vie de Henry le Grand, roy de France, par maistre J. Peleus. *Paris, Fr. Huby,* 1613, gros in-8 titre gravé, vélin.

278. Journal inédit du règne de Henri IV, 1598-1602, par Pierre de l'Estoile, publ. par Halfen. *Paris,* 1862, in-8 pap. de Holl., br.

279. Henri IV et sa politique, par Ch. Mercier de Lacombe. *Paris, Didier, s, d.,* gr. in-8, de 518 pp. br.

280. Henri IV écrivain, par Eugène Jung. *Paris,* 1855, in-8, br.

281. Lettres intimes de Henri IV avec une introduction et des notes, par Dussieux. *Paris*, 1876, in-8, 2 portr. br.

282. Le Mariage de Jeanne d'Albret par le baron A. de Ruble. *Paris*, 1877, 1 vol. — Antoine de Bourbon et Jeanne d'Albret, suite de Le Mariage de Jeanne d'Albret, par le même. *Paris*, 1881-86, 4 vol. Ensemble 5 vol. gr. in-8, br.

283. Discours funèbre sur la mort de Henry IIII, de très auguste mémoire Roy de France et de Navarre. A la Reyne (par J. de Gassion). *A Ortès. Abrah. Rouyer*, 1610, in-12, de 108 pag., maroq. noir, ornem. sur les plats, tr. dor. (*Duru*).

284. Discours de la légation de M. le duc de Nevers, envoyé par Henry IV vers le pape Clément VIII. *Paris, J. Mettayer, et P. l'Huillier*, 1594, in-8. parchem.

285. Discours sur les causes de l'extrême cherté qui est aujourd'hui en France, présenté à la mère Royne par un sien fidelle serviteur. *A Bordeaux*, 1587, in-8 de 80 pp. cart.

286. Procès-verbaux des Etats-généraux de 1593, par Aug. Bernard. *Paris, I. R.* 1842, in-4, carton., n. rog.

287. Le Maréchal de Fabert (1599-1662), étude historique d'après ses lettres et des pièces inédites, par J. Bourelly. *Paris*, 1881, 2 vol. gr. in-8, portrait, br.

288. Commentaires et lettres de Blaise de Monluc publ. par M. de Ruble *Paris, Renouard*, 1864-67, 5 vol., gr. in-8, br.

289. Œuvres complètes de Brantome, publ. par Lud. Lalanne. *Paris, Renouard*, 1864-82, 11 vol., gr. in-8, br.

---

290. Le Roi chez la reine, ou histoire secrète du mariage de Louis XIII, et d'Anne d'Autriche, par Armand Baschet. *Paris*, 1864, in-8, pap. vélin, br.

Tiré à petit nombre.

291. La Société française au XVIIe siècle d'après le Grand Cyrus de Mlle de Scudéry, par Victor Cousin. *Paris, Didier*, 1858, 2 vol. gr. in-8, br.

292. Richer, histoire de son temps, traduction de J. Guadet. *Paris, Renouard*, 1845, 2 vol., gr. in-8, v. f. fil.

293. Relatione della venuta e solenne entrata dell'illustrios, et eccellentiss. Signor D. Alessandro di Vandomo fratello naturale della Maestà del Re christianissimo e gran Priore di Tolosa dell'ordine della sacra religione Gierosolimitana, fatta in Roma alli 2 di Ottobre 1615, con la convalcata di S. E. al publico Conciotoro, et altri particolori. *Roma*, 1615, pet. in-4, 12 pag. de texte réglé, dem.-maroq. rou., av. coins, (*Belz-Niédrée*)

Edition originale de l'Entrée d'Alexandre de Vendome Grand Prieur de Toulouse à Rome en 1615.

294. Mémoires de Edouard lord Herbert de Cherbury, ambassadeur en France sous Louis XIII, traduits pour la première fois en français par le comte de Baillon. *Paris, Techener*, 1863, in-4, frontisp., vignettes et culs-de-lampes, pap. vergé de Holl., broché.

---

295. Mémoires complets et authentiques du duc de Saint-Simon sur le siècle de Louis XIV et la Régence. Collationnés sur le manuscrit original par Chéruel et précédés d'une notice par Sainte Beuve de l'Académie française. *Paris, Hachette*, 1856-58, 20 vol. in-8, br. et 180 portraits grav. en un portefeuille gr. in-8.

296. Voltaire. Siècle de Louis XIV, publ. par Beuchot. *Paris, Lefèvre*, 1830, 2 vol. in-8, gr. pap. vél. br.

297. La Police sous Louis XIV par Pierre Clément. *Paris, Didier*, 1866, in-8, dem.-m. r.

298. Amours des dames illustres de France sous le règne de Louis XIV. *Cologne, P. Marteau, s. d.*, (vers 1737) 2 vol. pet. in-12, front. dem.-mar. n. rogn.

Edition la plus complète. On y trouve les pièces suivantes : Histoire *amoureuse des Gaules*. — Le Palais-Royal ; Les Amours de Mad. de La Vallière ; La princesse ou les Amours de Madame ; Le Perroquet ou les amours de Mademoiselle ; Les amours de Mme de Brancas ; La Déroute et l'Adieu des filles de joie, etc. etc.

299. Correspondance administrative sous le règne de Louis XIV entre le cabinet du roi, les secrétaires d'Etat, etc. et les intendants et gouverneurs des provinces, etc., publ. par Depping. *Paris, I. N.* 1850-55, 4 vol. in-4, broch. et cartonnés.

300. Jugement de tout ce qui a esté imprimé contre le cardinal Mazarin, depuis le sixiesme janvier jusques à la déclaration du premier avril mil six cens quarante neuf. *S. l. n. d.*, in-4, de 718 pp. cart. n. rog.

301. Histoire de Louvois et de son administration politique et militaire jusqu'à la paix de Nimègue, par Cam. Rousset. *Paris, Didier*, 1862, 2 tomes en 4 vol. in-8, br. n. coupés.

302. Négociations relatives à la succession d'Espagne sous Louis XIV, par Mignet. *Paris, I. R.* 1835-44, 4 vol. in-4, v. f., fil. n. rog.

Exemplaire en grand papier vélin provenant de la Bibliothèque de M. Guizot.

303. Mémoires inédits de Michel de La Hugueryc publ. par le Baron de Ruble. *Paris, Renouard*, 1877-80, 3 vol., gr. in-8, br.

304. Mémoires de Jacques de Saulx comte de Tavannes, suivis de l'histoire de la guerre de Guyenne, par Balthazar, nouvelle édition, revue et annotée par C. Moreau. *Paris, (La Sphère) Jannet*, 1858, in-12, dem. cuir de Russie. tr. sup. dor. n. rog. — Relation des campagnes de Rocroi et de Fribourg en l'année 1643 et 1644 (par H. de Bessé). *Paris, Clousier et Aubouin*, 1673, in-12, v. gran.

305. Le Courtisan prédestiné, ou le duc de Joyeuse Capucin, par de Caillière, dédié à Mademoiselle. *Paris*, 1662, in-8, portr. mar. rou. fil. dos orné, tr. dor.

Bel exemplaire aux armes de Philippe-Elisabeth d'Orléans dite Mademoiselle de Beaujolais.

306. La Famille d'Aubigné et l'enfance de Mme de Maintenon suivi des mémoires inédits de Languet de Gergy, archevêque de Sens sur Mme de Maintenon et la Cour de Louis XV, par Th. Lavallée. *Paris, Plon*, 1863, gr. in-8, de 492 pp. br.

307. La Duchesse d'Aiguillon, nièce du Cardinal de Richelieu; sa vie et ses œuvres charitables. 1604-1675. Par A. Bonneau-Avenant. *Paris, Didier*, 1879, in-8, portrait, br.

308. Les Amis de la Marquise de Sablé, recueil des lettres des principaux habitués de son salon, par Ed. de Barthélemy. *Paris, Dentu*, 1865, in-8, de 408 pp. dem.-mar. rou. tr. sup. dor. n. rogn.

309. Lettres de Madame de Villars à Madame de Coulanges (1679-1681), nouvelle édit. avec introduction et notes par Alf. de Courtois. *Paris, Plon,* 1868, in-8, fac-simile, br.

310. Madame de Montespan et Louis XIV, étude historique par P. Clément. *Paris, Didier,* 1868, in-8, br.

311. Mémoires de M[r] d'Artagnan, contenant une quantité de choses particulières et secrettes qui se sont passées sous le règne de Louis le Grand. *Cologne, P. Marteau,* 1700. 3 vol. in-12, v. br.

312. Mémoires de Gaspard comte de Chavagnac, maréchal de camp dans les armées du roy, lieutenant général des troupes de l'empereur et son ambassadeur en Pologne, etc. *Amsterdam, J. Malherbe,* 1701, in-12, frontisp. dem. v. v. avec coins. (*Taches de rousseur*).

313. Mémoires de Monsieur le marquis de Montbrun, enrichis de figures. *Amsterdam, N. Chevalier et J Tirel,* 1701, in-12, v. gran.

314. Mémoires de Monsieur le duc de Montausier, pair de France, écrits sur les mémoires de Mme la duchesse d'Uzès, sa fille, par N*** (le P. Nic. Le Petit, jésuite). *Rotterdam,* 1731, 2 tomes en 1 vol. in-12, br.

315. Hugues de Lionne, ses ambassades en Italie, 1642-1656, d'après sa correspondance, par Valfrey. *Paris,* 1877, in-8, br.

316. Le Véritable Père Josef, capucin, nommé au cardinalat, contenant l'histoire anecdote du cardinal de Richelieu (Par l'abbé René Richard). *St Jean de Maurienne, G. Buttler,* 1704, in-12, v. br.

317. Lettre en vers sur les mariages de Mlle de Rohan avec M. de Chabot, de Mlle de Rambouillet avec M. de Montausier et de Mlle de Brissac avec Sabatier, 1645. *Paris, Aubry,* 1862, in-8 de IX-51 pp., dem. mar. rou., tr. sup. dor. n. rog.

Pièce attribuée à Paul Scarron.

318. Panégyrique à Mgr. le comte de Harcourt. *Aix, Est. David,* 1639, in-4, vign. sur le titre, v. m., fil.

319. La Vie du mareschal de Gassion (par l'abbé de Pure). *Paris, G. de Luyne*, 1673, 3 tomes en 2 vol. in-12, dem. rel. av. coins.

320. Réponse de monsieur de Saintfoix au R. P. Griffet et recueil de tout ce qui a été écrit sur le prisonnier masqué. *Paris*, 1770, in-12, v. f. fil., tr. dor.

321. La Vérité sur le masque de fer (les empoisonneurs), d'après des documents inédits (1664-1703) par Iung. *Paris, Plon*, 1873, 5 gravures ou plans, br.

---

322. Le Secret du Roi, correspondance secrète de Louis XV, avec ses agents diplomatiques 1752-1774, par le duc de Broglie. *Paris, C. Lévy*, 1879, 2 vol. in-8, br.

323. Correspondance inédite de la Comtesse de Sabran et du Chevalier de Boufflers, 1778-1788, publ. par E. de Magnieu et Henri Prat. *Paris*, *Plon*, 1875, gr. in-8 de 528 pp. br.

324. Un Homme d'autrefois ; souvenirs recueillis (1752-1800), par son arrière-petit-fils, le marquis Costa de Beauregard. *Paris, Plon*, 1877, in-8, portrait, br.

325. Correspondance de l'abbé F. Galiani avec Mmes d'Epinay. — Necker. — Geoffrin, etc. MM. Diderot. — Grimm. — d'Alembert. — de Sartine. — d'Holbach, etc., ornée d'un portrait de Galiani et une étude sur sa vie et ses œuvres par L. Perey et G. Maugras. *Paris, C. Lévy*, 1881, 2 vol. in-8, br. n. coupés.

326. Recueil général des pièces contenues au procez de Monsieur le marquis de Gesvres, et de Mademoiselle de Mascranni son épouse. *A Rotterdam, chez Reinier Leers*, 1714, 2 vol. in-12, dem. v. f. avec coins, tr. sup. dor., n. rog.

327. Mesdames de France, filles de Louis XV, par Ed. de Barthélemy. *Paris*, *Didier*, 1870, in-8, br.

328. Madame de Pompadour et la cour de Louis XV au milieu du dix-huitième siècle ; ouvrage suivi du catalogue des tableaux originaux, dessins et miniatures vendus après

la mort de Mme de Pompadour; du catalogue des objets d'art et de curiosité du marquis de Marigny, etc. *Paris, H. Plon*, 1867, gr. in-8, portrait, br.

329. Mémoires sur la Chevalière d'Eon. La vérité sur les mystère de sa vie, par Fréd. Gaillardet. *Paris, s. d.*, in-8, portr., br.

330. Les Souvenirs de madame de Caylus. *Amsterdam*, 1770, in-12, dem. mar. rou. av. coins, tr. sup. dor. n. rog.

---

331. Lettres inédites de la marquise de Crequi à Senac de Meilhan (1782-89), mises en ordre et annotées par M. Ed. Founier, précédées d'une introduction par M. Sainte-Beuve. *Paris*, 1856, in-12, pap. de Holl. dem.-mar. brun avec coins.

332. Révolution Française. 12 vol. in-8, br. et rel.

Cléry. Journal de ce qui s'est passé à la Tour du Temple. — Lettres autographes de Mme Roland. — Captivité du duc de Montpensier. — *Lacretelle*. Dix années d'épreuves. — *Grégoire*. Essai patriotique sur les arbres de la liberté. — Manuscrit trouvé à la Bastille. — *Louvet*. Quelques notices pour servir à l'histoire de mes périls. — etc.

333. Révolution Française. Brochures diverses. 70 pièces in-8.

Charlotte Corday. tragédie. — Mémoire justificatif du Général Montesquiou. *Paganel*. Rapport sur les prisons. — *Bo* (J.-B). Rapp. sur l'extinction de la mendicité. — *Barère*. Rapport sur les moyens d'extirper la mendicité. — *David*. Rapp. sur la fête pour les honneurs a décerner à Barra et Viala. — etc.

334. Marie Antoinette. Correspondance secrète entre Marie-Thérèse et Le Comte de Mercy-Argenteau, avec les lettres de Marie-Thérèse et de Marie-Antoinette publ. par Le Cer A. d'Arneth et Geffroy. *Paris*, *Firmin-Didot*, 1874, 3 vol. gr. in-8, dem.-mar. r. avec coins, tr. sup. dor.

335. Bulletin du Tribunal criminel révolutionnaire. 1793. Nos 22, à 32, 81 à 85, en 2 broch. in-4.

Jugement de la Reine Marie-Antoinette. — Affaire d'Elisabeth Capet et autres complices.

336. Mémoires de Madame la duchesse de Tourzel, gouvernante des enfants de France pendant les années, 1789, 1790, 1791, 1792, 1793, 1795, pub. par Le Duc Des Cars. *Paris*, *Plon*, 1883, 2 vol. in-8, portrait gr. par Flameng, br.

337. Les Adieux de Marie-Thérèse, Charlotte de Bourbon ; almanach pour l'année 1796, par M. d'Albins. *A Basle* 1796, pet. in-12, portrait, dem.-mar rou. n. rogné.

338. Journal du Baron de Gauville, député de l'ordre de la noblesse aux Etats Généraux. *Paris*, 1864, in-12, pap. verg. de Holl. br.

339. Correspondance entre le Comte de Mirabeau et le Comte de La Marck, pendant les années 1789, 1790, 1791, pub. par Ad. de Bacourt. *Paris*, 1851, 3 vol. in-8, br.

340. Catéchisme à l'usage des bon patriotes, par J. A. Chaptal, président du Club des Amis de la constitution et de l'Egalité de Montpellier. *Montpellier*, 1790, in-12, mar. bl. fil. tr. dor. (*Trautz-Bauzonnet*).

Exemplaire auquel on a ajouté le portrait de Chaptal et sa signature autographe.

341. Journal d'un déporté non jugé (Barbé Marbois). *Paris*, 1834, 2 vol. in-8, br.

342. Souvenirs d'émigration de madame la marquise de Lage de Volude, 1792-1794. Lettres à madame la comtesse de Montijo, publ. par M. le baron de la Morinerie. *Evreux*, 1869, in-8, br. (*Tiré à petit nombre*)

343. Mémoires du duc de Montpensier (Antoine-Philippe d'Orléans). *Paris, I. R.* 1837, in-4, portrait, dem. v. f. av. coins.

344. Louis XVII, sa vie, son agonie, sa mort ; captivité de la famille royale au Temple, par A. de Beauchesne. *Paris, Plon*, 1866, 2 vol. gr. in-8, port. plans, fac-sim. d'autog. dem. mar. Laval. tr. sup. dor. n. rog.

345. Histoire des cabinets de l'Europe pendant le Consulat et l'Empire. 1800-1815, par Armand Lefebvre précédée d'une notice par M. Sainte-Beuve. *Paris*, 1866-69, 5 vol. in-8, br.

346. Histoire de l'expédition de Russie avec un atlas et trois vignettes par le marquis de Chambray. *Paris*, 1825, 3 vol. et atlas in-8, dem. v. f. avec coins, n. rog.

347. Mémoires de Madame de Remusat. 1802-1808, pub. par son petit fils, Paul de Remusat. *Paris, Lévy*, 1880, 3 vol. gr. in-8, br.

Tiré à 25 exemplaires sur beau papier de Hollande (N° 17)

348. Extrait de mon journal du mois de mars 1815. *A Twickenham, imprim. de G. White*, 1816, in-8, pap. vélin, maroq. bl. fil. dent., doublé de tabis citron dent. intér. tr. dor. (*Rare*).

Cet ouvrage est du duc Louis Philippe d'Orléans, il a été tiré à un très petit nombre d'exemplaires non mis dans le commerce, on y rencontre des faits très curieux à consulter pour l'histoire de la Restauration.

349. Histoire des trois derniers princes de la maison de Condé. — Prince de Condé, duc de Bourbon, duc d'Enghien, par Crétineau-Joly. *Paris*, 1867, 2 vol. in-8, port. fac-sim. d'autog. dem.-chagr. r.

350. La Maison d'Orléans devant la légitimité et la démocratie depuis son origine jusqu'à nos jours avec un discours préliminaire et une conclusion par Laurent (de l'Ardèche). *Paris, Dentu*, 1861, in-8, dem.-chagr. Lavall. tr. sup. dor. n. rog.

351. Vie de Marie-Amélie, reine des Français, par Aug. Trognon. *Paris, M. Lévy*, 1871, in-8, br.

352. Campagnes de l'armée d'Afrique, 1835-1839, par Le duc d'Orléans, pub. par ses fils. *Paris, M. Lévy*, 1870, gr. in-8, pap. vergé portrait, carte br.

353. Revue retrospective, ou archives secrètes du dernier gouvernement, par J. Taschereau. *Paris*, 1848, 33 N^{os} en 1 vol. in-4, cart. (Complet.) Les N°s 32 et 33 manquent souvent.)

354. Mémoires du comte Miot de Melito. *Paris, Michel Lévy*, 1858, 3 vol. in-8, dem,-v. f. av. coins tr. peign.

355. Histoire de la Commune de Paris, en 1871, par l'abbé Vidieu. *Paris, Dentu*, 1876, gr. in-8, de 657 pp. br.

356. Royalistes et républicains. Essais historiques sur des questions de politique contemporaine, par Thureau-Dangin. *Paris, Plon*, 1874, gr. in-8, br.

357. Un Livre unique — L'Affaire Clémenceau peinte et illustrée, par Jules Claretie. *Paris*, 1880, gr. in-4, de 24 pp. (*Tiré à cent exemplaires*)

ART HÉRALDIQUE. — NOBLESSE. — ETC.

358. Abrégé méthodique des principes héraldiques, ou du véritable art du Blason par le P. Fr. Menestrier. *Lyon, Th. Amaubry*, 1677, in-12 blasons, v. f. fil. tr. dor. (*Koehler*)
Exemplaire Yemeniz.

359. Le Véritable Art du blason, ou l'usage des armoiries, (par le Père Ménestrier). — Les Recherches du blason. Seconde partie de l'usage des armoiries. *Paris, Est. Michallet* 1673, 2 vol. pet. in-12, fig. de blasons, v. f. fil. tr. dor.

360. Dissertation historique sur les duels et les ordres de chevalerie, par M. Basnage. *Basle*, 1740, pet. in-8, cart. n. rog.

361. Notice des archives de M. le duc de Caraman, précédée de recherches historiques sur les princes de Chimay et les comtes de Beaumont, par Gachard. *Bruxelles*, 1845, in-8, br.

362. Les Ducs et les duchés français avant et depuis 1789, par Ed. de Barthélemy. *Paris*, 1867, in-8, br.

PARIS ET LES PROVINCES DE FRANCE

363. Plan de Paris, sous le règne de Henri II, par Olivier Truschet et Germain Hoyau reproduit en fac-similé d'après l'exemplaire unique de la bibliothèque de Bâle, par F. Hoffbauer. *Paris*, 1877, in-fol., 8 pl. en un carton. (*Société de l'histoire de Paris*).

364. Plan de Paris dressé géométriquement en 1649, et publié en 1652 par Jaques Gomboust. *Paris*, 1858, in-fol. en carton. — Notice sur le plan de Paris, 1858, 1 vol. in-12, br.

365. Plan de Paris dit de Turgot, publ. par L. Bretez. 1739, 20 ff. en 1 vol. gr. in-fol. (Rel. fatiguée. Manque le titre).

366. El Nuovo et verissimo discorso delle cose piu signalate seguite nell'assedio della incomparabile citta di Parigi, Dal signor G. B. M. *In Lione*, 1593, pet. in-4, v. f. *Armoiries.*).

Relation du siège de Paris de 1590, de la plus grande rareté.

367. Histoire de l'abbaye royale de Saint Germain des Prez. par Jacques Bouillart. *Paris*. 1724. in-fol. planches, dem.-v. n. rog.

368. Histoire de la Sainte-Chapelle royale du Palais, enrichie de planches, par Morand. *Paris*, 1790, in-4, dem.-v. avec coins, tr. sup. dor. n. rog.

369. Port Royal. par Sainte Beuve. *Paris*, 1860, 5 vol. gr. in-8 et table alphabétique, br.

370. L'Inquisition françoise ou l'histoire de la Bastille, par Constantin de Renneville. *Amsterdam*, *Et. Roger*, 1715, in-12, portrait, nomb. fig., v. gran.

371. Le Chateau du Bois de Boulogne dit chateau de Madrid, étude sur les arts au seizième siècle, par le Cte de Laborde. *Paris*, 1855, gr. in-8, pap. de Hollande, dem.-mar. avec coins, tr. sup. dor. n. rog.

372. Histoire du chateau et du bourg de Blandy en Brie, par Taillandier. *Paris*, 1854, in-8, pap. de Holl., fig., et plan br.

373. Le Chateau de Versailles. Histoire et description, par Dussieux. *Versailles*, 1881, 2 vol. gr. in-8, pap. vélin, nomb. fig. gr. et 21 plans, br.

374. Le Théatre de Saint Cyr (1689-1792), d'après des documents inédits par A. Taphanel. *Paris*, 1876, gr. in-8, 1 eau-forte, br.

375. Recueil de vues de villes et chateaux de France, par Israël Silvestre. *XVIIIe siècle*, 1 vol. in-fol. 9 pl., v. m. (*Armoiries*).

376. Provinces de France (Sur les). 11 vol. et 9 broch. in-4 ou in-8.

Ordinaire. Chanoine de Riom. Histoire naturelle des volcans. — *Desjardins.* Tableau de la guerre des Allemands dans le départ. de Seine et Oise. 1870-71. — *Rouard.* Notice sur la bibliothèque d'Aix. — *Delmotte,* Notice sur Roland Delattre. — *Jeandel.* Lesurques, sa justification. — *Teissier.* Des bains romains de Nîmes. — *Klipffel.* Etude sur la république messine du 13e au 16e siècle. — etc.

377. Pièces historiques relatives aux provinces de France. Extraites des archives curieuses de Cimber et Danjou, 14 broch. in-8.

Réformation de l'université de Paris, 1562. — La Prinse du comte de Montgommery. — Histoire véritable de la mutinerie des prestres de St Médard. 1562. Hist. du tumulte d'Amboise. — Discours sur la peste de Lyon. 1577. — L'Histoire du diable de Laon 1565, etc.

378. Voyage de Chapelle et Bachaumont. *Genève* (*Cazin*). 1777, in-18, joli frontispice de Marillier, grav. par Delaunay, et 4 gravures de Marillier avant la lettre gravées par de Gendt, Dambrun, Helboun et Ponce, v. f. fil. *Bauzonnet-Trautz*).

Les pages 63 à 122, sont consacrées au voyage de Languedoc et de Provence.

379. Relations de guerre, contenant le secours d'Arras, en l'année 1654, le siège de Valence, en l'année 1656 et le siège de Dunkerque, en l'année 1658. (Par la Mesnardière). *Paris.* 1662, gr. in-8, v. gr. (*Mouillures*).

380. Notice sur le chateau de Sarcus en 1550, précédée d'une notice biographique sur Jean de Sarcus par Houbigant. *Beauvais*, 1859, gr. in-8 planches, dem.-mar. rou.

380 *bis*. La Défaite du mareschal de Seneterre par les troupes de son A. R. commandées par le comte de Tavanne en l'absence de M. le prince de Condé. *Paris, André Chouqueux*, 1652, 8 pp. in-4.

381. Les Particularitez de la bataille générale donnée entre l'armée de son A. R. commandée par MM. le prince de Condé, les ducs de Beaufort et de Nemours : Et celle des Mazarins dans la plaine de Galles entre Chastillon-sur-Loin et Briare, le huictième avril 1652. Avec les noms des morts et blessez et le nombre des prisonniers. *Paris, Claude Le Roy*, 1652. — Advis de M. le prince à MM. du parlement, contenant les particularitez de la bataille qu'il a gaignée et le sujet de sa venue en leur assemblée. *Paris, J. Chevalier* 1652, 2 pièces in-4, de 8 et 7 pp., dérel.

382. Le Chateau de Chambord par. L. de La Saussaye. *Lyon*, 1859, in-8, figure de Gaucherel, br.

383. Inventaire des meubles bijoux et livres estant à Chenonceaux le huit janvier 1603 précédée d'une histoire sommaire de la vie de Louise de Lorraine, reine de France, par le prince Augustin Galitzin. *Paris* 1856, 76 pp. in-8 portr., cart. n. rog.

384. Essai historique et descriptif sur les émailleurs et les argentiers de Limoges, par l'abbé Texier. *Poitiers*, 1843, in-8, 9 planches, br.

385. Mémoires de Fléchier sur les grands-jours d'Auvergne en 1665. *Paris*, *Hachette*, 1856, gr. in-8, pap. vél. fig., dem.-mar. bl. avec coins tr. supér. dor. n. rogn.

386. Arrest de la cour des grands jours séant en la ville de Clermont en Auvergne donné le 20 septembre 1582. *Clermont, Jean Durand*, 1582, 89 pp. — Lettres patentes du roy, pour tenir les grands jours en la ville de Clermont en Auvergne. *Paris*, *Fréd. Morel*, 1582, 21 pp. pet. in-8, dér.

387. Discours du voyage de Monseigneur le duc de Joyeuss, pair et amiral de France, en Auvergne, Gevodan et Rouergue, et de la prise des villes de Malziou, Marueges, et Peire. *Paris*, *Mamert*, *Patisson*, 1586, pet. in-8, de 48 pp. (*Une légère piqûre traverse la marge supérieure*).

388. Vues du chateau de Veauce, par Todot. *S. l.*, *n. d.*, 13 pl. en 1 vol. in-fol., dem.-rel.

389. L'Histoire de Palanus, comte de Lyon, mise en lumière par Alfred de Terrebasse. *Lyon*, 1833, gr. in-8, pap. vergé, cart. n. rog.

390. Histoire véritable de tout ce qui s'est fait et passé dans la ville de Lyon, en la mort de Messieurs de Cinq Mars et de Thou. *S. l.*, 1643, pièce in-4, 28 pag., cart. (*Rare*).

391. Histoire de Louis Mandrin, depuis sa naissance jusqu'à sa mort, avec un détail de ses cruautés, de ses brigandages et de son supplice, (par l'abbé Reigley). *Amsterdam*, 1755, 96 pp. in-8, portrait, v br.

392. Deux instructions et deux épistres faictes et envoyées au clergé et peuple de Valence et de Dye par leur Evesque (J. de Montluc). *Paris, de Vascosan*, 1557, in-8, dem. rel.

393. Voyage dans le midi de la France, par Pigault-Lebrun et V. Augier. *Paris*, 1827, in-8, dem. v. rou., tr. sup. dor., n. rogné.

394. Histoire du Languedoc avec l'Estat des provinces voisines, par P. Andoque. *Béziers*, 1648, in-fol. v. f., fil.

395. Suite de 53 figures pour l'Histoire de Languedoc, gravées par Cochin, Tardieu, d'après Homblot et Cazes, en 1 vol., in-4 oblong, parch. vert. (*Fortes piq. de vers dans le fond de la marge du vol., n'atteignant pas les gravures*).

396. Le Franc-Aleu de la province de Languedoc, establi et défendu (par Pierre de Caseneuve). *Tolose, Boude*, 1645, in-fol. bas. (Cet exemplaire est suivi des « *Estats Généraux de la province de Languedoc*).

397. Carte particulière et exacte description du hault et bas Languedoc. (*XVIIIe siècle*), in-fol., titre dessin. et 12 cartes mss. color., parch.

Belle carte entièrement manuscrite d'une exécution très soignée.

398. Histoire Tolosaine, par Antoine Noguier Tolosain. *Tolose, G. Boudeville*, 1556, in-4, titre avec encadrem. grav. et fig. sur bois, maroq. rou., fil., tr. dor.

399. Recueil des tiltres, qualités, blazons et armes des Seigneurs, Barons des Estats-Généraux de la province de Languedoc, tenu par S. A. Séreniss. Mgr. le Prince de Conty, en la ville de Montpellier, l'année 1654. *S. l., n. d.*, (1654), pet in-fol., nombr. et belles figures de blasons, grav., v. m. (*Armoiries*).

Armorial très rare, publié par Bejard parent par alliance de Molière.

400. Le Siège et la destruction du chateau de Linchamps et du chateau de Lumes (Ardennes), par Micqueau de Reims. *Reims*, 1855, in-8, br.

401. Lettres sur les archives départementales du Bas-Rhin, par L. Spach. *Strasbourg*, 1862, gr. in-8, br.

402. Histoire de la réunion de la Lorraine à la France, par Le Comte d'Haussonville. *Paris, M. Lévy*, 1860, 3 vol. in-12, br.

403. Dumast (P. G). Nancy. Histoire et tableau. *Nancy*, 1847, figures. — Le duc Antoine et les Rustauds — Esquisses d'un voyage de Nancy à Bourbonne. Ensemb. 3 ouvr. en 1 vol. gr. in-8, dem. chag. rou. av. coins, tr. sup. dor. n. rog.

404. Journal du siège de Metz en 1552. Documents relatifs à l'organisation de l'armée de l'empereur Charles Quint et à ses travaux devant cette place. — Et descriptions des médailles frappées à l'occasion de la levée du siège, pub. par Chabert. *Metz*, 1856, in-4. 3 planch. dem.-chagr. [u. avec coins, n. rog.

405. Histoire du canton d'Athis (Orne) et de ses communes, par Le Cte de La Ferrière-Percy. *Paris*, 1858, in-8, fig. br.

406. Notice historique et archéologique sur le Donjon du chateau de Philippe-Auguste bâti à Rouen en 1205, aujourd'hui Tour de Jeanne d'Arc, par Bouquet. *Rouen*, 1877, in-8, br.

407. La Seine-Inférieure historique et archéologique par l'abbé Cochet. *Paris*, 1864, in-4, carte et figures dans le texte, br.

408. Le Chateau d'Eu illustré, depuis son origine en 912 jusqu'au voyage de S. M. Victoria Reine d'Angleterre, par J. Skelton, avec un texte rédigé par J. Vatout. *Paris, Goupil, s. d.*, (1843), in-fol., belles planches grav., dem.-chagr. vert, non rogn.

409. Essai historique sur le chateau de Lassay, depuis son origine jusqu'à nos jours. *Lassay, Le Mans*, 1876, gr. in-8, pap. vergé fig. br.

410. Le Chateau de Lude, essai historique sur son origine et ses possesseurs, par l'auteur de Jehan Daillon. *Paris*, 1854, gr. in-8, br.

411. Le Combat de trente Bretons contre trente Anglois, publié par G. A. Crapelet. *Paris*, 1827, gr. in-8, figure et planches d'armoiries, pap. de Holl. carton, non rog.

412. Le Combat de trente bretons contre trente Anglais, d'après les documents originaux des XIVe et XVe siècles, suivi de la biographie et des armes des combattants, par M. Pol de Courcy. *St Pol de Léon*, 1857, 72 pp. gr. in-8, 1 chromolith., 2 planches d'armoiries, br.

413. Histoire du Bailli de Suffren, par Cunat. *Rennes*, 1852, in-8, br.

414. Vie de la reine Anne de Bretagne, femme des rois de France Charles VIII et Louis XII, par Le Roux de Lincy. *Paris, Curmer*, 1860, 2 vol. pet. in-8, pap. vergé, photographies, fac-sim. d'autogr., dem.-mar. laval. avec coins, tr. sup. dor. n. rog.

415. Histoire de la guerre de la Vendée ou tableau des guerres civiles de l'Ouest depuis 1792, jusqu'en 1815, par Alph. de Beauchamp. *Paris*, 1820, 4 vol. in-8, port., cartes noires et color., v. v.

416. Lettres écrites de la Vendée à M. Anatole de Montaiglon, par Benjamin Fillon. *Paris*, 1861, gr. in-8, pap. vergé, fig. br.

Tiré à 120 exempl.

417. Les Mémoires historiques de la Répub. Sequanoise, et des princes de la Franche-Comté deBourgougne, par Lois Gollut. *Dole*, 1592, in-fol. de 1108 pp., vél. bl. à recouv. tr. ciselées dor.

418. Essai historique sur l'abbaye de Cluny, par Lorain. *Dijon*, 1839, gr. in-8, fig., dem.-rel.

419. Armorial des états de Languedoc, par M. Gastelier de La Tour. *Paris, Vincent*, 1767, in-4, nombreux blasons, v. marb. (*Piq. de vers dans la marge inférieure des derniers ff.*).

Exemplaire en grand papier.

420. Armorial de la noblesse de Languedoc, Généralité de Montpellier, par Louis de La Roque. *Montpellier*, 1860, 2 vol. gr. in-8, br.

421. L'Esclavage du brave chevalier François de Vintimille, des comtes de Marseille et Olieule, à présent Commandeur du Planté et Cadillan, par Henri du Lisdam. *Lyon, Claude Morillon*, 1608, pet. in-12, dsm. chagr. v.

422. Annuaire historique et généalogique de la province de Languedoc, par Louis de La Roque. *Paris, Dentu*, 1861-64, 2 vol. gr. in8- de 144 et 174 pp. nombr. blasons, br.

423. Description géologique des environs de Montpellier, par P. Gervais de Rouville. *Montpellier*, 1853, in-4, carte géologique color., dem. chagr. br.

424. Entrée de François Ier dans la ville de Béziers (Bas Languedoc), publ. par Louis Domairon. *Paris, Aubry*, 1866, pet. in-8, br.

425. Relation envoyée au roy de la honteuse fuite de M. de Rohan, avec la défaicte entière de ses troupes par l'armée de Sa Majesté, commandée par M. le Maréchal d'Estrée en Languedoc. *Paris*, 1629, pièce in-8 de 16 pp.

426. Véritable discours de la découverte de l'entreprise de L'Oys de Comboursier, sieur du Terrail, Moustier, Rattier, et autres places, Vicomte de Ravel, chevalier de l'ordre, Cornette Blanche de Monsieur Le Dauphin, et Baron de Moyssac, exécuté à Genève le 19 Avril 1609. *Lyon*, 1609, 26 pp. — Epitaphe Anagrammatique de Daniel Chamier gros et gras, ministre de Montauban. A *Montauban, par F. Gustov*, 1621, 4 ff. en 2 vol. pet. in-8, mar. rou. fil. (*Bauzonnet-Trautz*)

Exemplaire de Yemeniz

427. Traité de l'origine des jeux floraux de Toulouse (par Simon de La Loubère). *Toulouse, Lecamus*, 1715, in-8, v.

428. Histoire tragique et arrests de la Cour de parlement de Tholose, contre Pierre Arrias Burdeus, religieux Augustin, Maistre François Gairaud, Conseiller au Séneschal de Tholose, damoiselle Violante de Bats du Chasteau et autres, par M. Guil. de Segla, Conseiller au Parlement de Tholose. *Paris, Gilles Robinot*, 1613, in-8, cart.

429. Arrest mémorable du parlement de Tolose, contenant une histoire prodigieuse d'un supposé mari advenue de nostre temps : enrichie de cent et onze belles et doctes et annotations, par Jean de Coras. *Paris, Gab. Buon*, 1579, in-8, carton.

430. Lettre à monsieur Barillon Damoncourt, contenant la relation et la description des travaux qui se font en Languedoc, pour la communication des deux mers, par M. de Froidour. *Rouen*, 1674, in-8, planches, v. gran.

431. Las Pouésios dé Pierré Goudouli, é d'autrés pouétos dé Toulouso. *Toulouso*, 1831, in-12, dem.-mar., rou. tr. dor.

432. Explication de la carte géologique du département du Tarn exécutée en 1848, par M. de Boucheporn ingénieur des Mines. *Paris, Imp. Nat.*, 1848, 1 vol., in-8, de texte br. avec la carte géologique en 4 feuilles.

433. Souvenir d'une excursion pittoresque dans le Querci, par Forest de Lemps. *Paris*, 1871, gr. in-8, fig. au bistre, br.

434. Voyages au Mont Perdu et dans la partie adjacente des Hautes Pyrénées, par L. Ramond. *Paris, An XI*, 1801, in-8, fig. dem. mar. r. (*Rare*)

435. Chansons et airs populaires de Béarn, recueillis par Fréderic Rivarès. *Pau*, 1844, gr. in-8, musique, figure de Deveria, dem.-chagr. Laval., avec coins.

436. Histoire générale de Provence, par Papon. *Paris*, 1777-86, 4 vol. in-4 br.

437. La Chorographie ou description de Provence et l'histoire chronologique du mesme pays, par Honoré Bouche. *Aix*, 1664, 2 vol. in-fol. frontisp., cartes, v. m.

438. L'Ancien Barreau du parlement de Provence, ou extrait d'une correspondance inédite échangée pendant la peste de 1720, entre Fr. Decormis et Pierre Saurin, par Ch. Ribbe. *Aix*, 1862, in-8, br.

439. Les Antiquitez d'Arles, traitées en manière d'entretien et d'itinéraire par Séguin. *Arles*, 1687, in-4, dem.-rel.

440. Le Pas d'Armes de la bergère, maintenu au tournoi de Tarascon. *Paris, Crapelet*, 1828, gr. in-8. pap. de Holl. front. color. dem. mar. rouge avec coins, tr. sup. dor. n. rog.

441. Pascalis, étude sur la fin de la constitution provençale, 1787-1790, par Ch. de Ribbe. *Paris*, 1854, in-8, br.

442. Le Roi René, sa vie, son administration, ses travaux artistiques et littéraires, par Lecoy de la Marche. *Paris, Firmin Didot*, 1875, 2 vol. in-8, br.

443. M. de Mont-Richer et le canal de Marseille, par F. Martin. *Paris*, 1878, gr. in-8, port. gr. dem.-chagr. r.

444. Petri Quiquerani Bello-Jocani episcopi Senecensis primaria Acelatensium, De laudibus provinciæ libri tres, et centum ejusdem de Annibale exametri. Ad. R. P. Franciscum Turnonium Cardinale clarissimum. *Parisiis, Lambertum Dodu*, 1551, in-4, arm. grav. sur bois, v. m. (*Armoiries*).

Livre rare, malheureusement court de marges et taché d'humidité.

445. Discours véritable de la mort du sieur de La Valette, tué au siège de Roquebrunette en Provence, le mercredi 5 février 1592. Avec une lettre du sieur de Ramefort au Roy de Navarre ou sont contenuz les particuliaritez de la dicte mort. *Lyon, Jean Patrasson*, 1592, in-8 de 12 pag., dem.-rel. maroq. citron avec coins.

447. La Voye de Laict ou le chemin des héros ou Palais de la gloire, ouvert à l'entrée triomphante de Louys XIII, Roy de France et de Navarre en la Cité d'Avignon le 16 Novembre 1622, etc. *En Avignon, J. Bramereau*, 1623, in-4, frontisp. et 9 pl. grav., maroq. rou., fil., tr. dor.

HISTOIRE DES PAYS ÉTRANGERS

GÉNÉRALITÉS

448. L'Atlas ou méditations cosmographiques de la fabrique du monde et figure d'iceluy, par Gérard Mercator. *Amsterd. Hondius*, 1613, gr. in-fol. frontisp. très nombr. cartes v. m. fil.

Aux armes de Bernard de Rieux fils du célèbre banquier Samuel Bernard.

449. Itinerarium das ist : Historische beschreibung, weylund Herrn Georgen von Æhingen raisens nach der Ritterchafft, vor jaren in Xanderschidliche Konigreich verbracht, etc. *Augspurg*, 1600, pet. in-fol. frontisp. et jolies fig. grav. dem.-v. rou.

Cet ouvrage renferme dix beaux portraits gravés des souverains de l'Europe.

450. Les Annales d'Aquitaine, faicts et gestes en sommaire des Roys de France, et d'Angleterre, et païs de Naples et de Milan, etc. (par Jean Bouchet.) *Poitiers, J. et E. de Marnef*, 1545, in-fol. 1 fig. sur bois, maroq. rou. fil. (*Au chiffre de Peiresc*).

Exemplaire provenant de la Bibliothèque Monmerqué.

451. La Terre et les mers ou description physique du globe, par Louis Figuier. *Paris, Hachette*, 1864, gr. in-8, 170 vignettes et 20 cartes physiques, br.

452. Les Montagnes, par Alb. Dupaigne, avec sept cartes en couleur hors texte dessinées par Dumas-Vorzet et grav. par Erhard, illustrat. dans le texte. *Tours, Mame*, 1874, gr. in-8, br.

453. Les Colonies françaises par Paul Gaffarel. *Paris*, 1880. in-8, br.

454. Mémoires du chevalier de Beaujeu, contenant ses divers voyages depuis l'année 1679. *Amsterdam*, 1700, in-12, carton.

EUROPE

455. Les Allemands, par le père Didon. *Paris, C. Lévy*, 1884, in-8, br.

456. L'Eté à Bade, par M. Eugène Guinot (Pierre Durand), illustré par Tony Johannot, Eug. Lami, etc. *Paris, Bourdin, s. d.*, gr. in-8, br. (Avec la *couverture*).

457. Un patriote au XIVe siècle. Les héroïnes de Harlem. — Une heureuse femme. Scènes historiques, par Mme de Witt, née Guizot ; ouvrage illustré de 84 gravures dessinées par E. Zier. *Paris, Hachette*, 1888, gr. in-8, br.

458. Voyage de S. M. Louis Philippe 1er Roi des Français au chateau de Windsor, par Ed. Pingret. *Paris*, 1846, in-fol. pl. lithogr. rel. toile.

459. Voyage d'un amateur en Angleterre par Alf. Michiels. *Paris, Renouard*, 1872, in-8, br.

460. Histoire de la rebellion et des guerres civiles d'Angleterre depuis 1641, jusqu'au rétablissement du roi Charles II, par Edward comte de Clarendon. *A La Haye, chez Meyndert Uytwerf*, 1704-1709, 6 vol. in-12, portraits (6) de l'auteur, dem.-rel. av. coins.

Exemplaire en grand papier, non rogné.

461. Etude sur la révolution d'Angleterre. Portraits politiques des hommes des différents partis, parlementaires, cavaliers, républicains, niveleurs, par M. Guizot. *Paris*, 1855, in-8, dem.-mar. Lavall. av. coins, tr. sup. dor. n. rog.

462. Fragmenta regalia ou le caractère véritable d'Elisabeth Reyne d'Angleterre et de ses favoris, trad. de l'anglais de Robert Naunton, par Jean Le Pelletier. *Rouen*, 1683, pet. in-12, portrait grav. v. éc. fil. (*Rare*).

463. Histoire de Madame Henriette d'Angleterre, première femme de Philippe de France, duc d'Orléans, par Mme la comtesse de la Fayette, publ. par A. Bazin. *Paris, Techener*, 1853, in-16, portrait, dem.-mar. rou. av. coins tr. sup. dor. n. rog.

464. Marie Stuart, reyne d'Ecosse, nouvelle historique, (par Le Pesant de Boisguilbert). *Paris, Claude, Barbin*, 1675, 3 part. in-12, v. f. fil. dos orné tr. dor (*Simier*).

465. Marie Stuard, son procès, son exécution, d'après, le journal inédit de Bourgoing son médecin, par Chantelauze. *Paris, Plon*, 1876, gr. in-8, br.

466. Du Danemark. Impressions de voyage ; aperçus historiques et considérations sur le passé, le présent et l'avenir de ce pays, par de Flaux. *Paris, Didot*, 1862, in-8, dem.-mar. Lavall. n. rog.

467. La Hollande à vol d'oiseau, par Henry Havard ; eaux-fortes et fusains, par Maxime Lalanne. *Paris, Quantin*, 1881, in-4, nombr. planches et vign. br.

468. Récit, ou brefve description de ce qui s'est passé durant le très fameux siège de Bois-le-Duc, avec une carte générale du camp entier et plusieurs particulières des approches de chaque quartier à part. *Leeuward, en Frize*, 1630, pet. in-fol. de 30 pp. 8 plans, parch. (*Mouillures*).

469. Lettres et négociations de Paul Choart, seigneur de Buzanval, et de François d'Aerssen (1598-1599), suivies de quelques pièces diplomatiques concernant les années 1593-1596, et 1602-1606, publ. par G. Vreede. *Leide*, 1846, in-8, carton, n. rog.

470. Le Monde des Alpes ou description pittoresque des montagnes de la Suisse, particulièrement des animaux qui les peuplent, par F. de Tschudi, seconde édition revue et corrigée, par O. Bourrit. *Genève*, 1870, gr. in-8, de 864 pp. planches, br.

471. Le Tour du Léman, par Alfred de Bougy. *Paris*, 1846, gr. in-8, illustré d'un grand nombre de vignettes et de plusieurs sujets tirés à part, br.

472. De Genève à Suez, lettres écrites d'Orient, par G. Revilliod. *Genève*, 1870, gr. in-8, 1 planche, br.

473. Journal du voyage d'Espagne (par l'abbé Bertaut). *Paris, Cl. Barbin*, 1669, in-4, v. br.

474. Les Faux don Sébastien ; étude sur l'histoire de Portugal par Miguel d'Antas. *Paris, Aug. Durand*, 1866, in-8, br.

475. Antonio Perez et Philippe II, par Mignet. *Paris, I. R.* 1845, gr. in-8, br.

476. Ammien Marcellin ou les dix-huit livres de son histoire qui nous sont restés ; trad. en français (par G. de Moulines). *Berlin*, 1775, 3 vol. in-12, portrait, v. f., dent., tr. dor. (*Bozerian*).

477. Histoire secrète de Justinien par le sénateur Procope de Césarée, trad. par M. Isambert. *Paris, Didot*, 1856, 2 vol. in-8, br.

478. Les Romes. Histoire vraie des vraies bohémiens, par J. A. Vaillant. *Paris, Dentu*, 1857, in-8, br.

479. Rome souterraine, résumé des découvertes de M. de Rossi dans les catacombes romaines par J. Spencer Northcote et Brownlow trad. de l'anglais par P. Allard, *Paris*, 1872, gr. in-8, br.
Ouvrage illustré de 70 vignettes de 20 chromolith. et d'un plan.

480. Le Forche Caudine, illustrate. *In Caserta*, 1778, in-fol., 5 pl., cart.

481. Rome au siècle d'Auguste, par Dezobry 3e édition. *Paris, Garnier*, 1870, 4 vol., carte, br.

482. Le Paysage Morainique, son origine glaciaire et ses rapports avec les formations pliocènes d'Italie. par E. Desor. *Paris*, 1875, gr. in-8, 2 cartes dem.-chag. viol.

483. Le Climat de l'Italie sous le rapport hygiénique et médical, par le Dr Ed. Carrière. *Paris, J. B. Baillière*, 1849, in-8, br.

484. Etat présent de la grande Russie ou Moscovie, contenant l'histoire abrégée de la Moscovie, un abrégé chronologique des Czars ou empereurs qui y ont régné, etc., trad. de l'anglais de J. Perry, (par Hugony). *Paris*, 1718, in-8, carte, carton. n. rog.

485. Histoire et description du Kamtchatka, par Krachenínnikow, trad. du Russe (par de Saint-Pré). *Amsterdam*, 1770, 2 vol. in-8, cartes et fig., vél. n. rog.

486. Papiers inédits du duc de Saint-Simon. Lettres et dépêches sur l'ambassade d'Espagne ; tableau de la Cour d'Espagne en 1721. Introductions par Ed. Drumont. *Paris, Quantin*, 1880, in-8, br. n. coupé

487. De la Conqueste de Constantinople, par Joffroi de Villehardouin, publ. par Paulin, Paris. *Paris, Renouard*, 1838, gr. in-8 br.

488. Mœurs, usages, costumes des Othomans, et abrégé de leur histoire, par A. L. Castellan ; avec des éclaircissements tirés d'ouvrages orientaux et communiqués par M. Langlès. *Paris, Nepveu*, 1812, 6 vol. in-18, ornés de 72 planches coloriées pap. vél. mar. rou. larges dentel. tr. dorées. (*Thouvenin*).

489. Histoire et description de la haute Albanie ou Guégarie, par Hyacinthe Hecquard. *Paris, Arth. Bertrand, s. d.*, in-8, carte, br.

490. La Nation druse, son histoire, sa religion, ses mœurs et son état politique par Henri Guys. *Paris*, 1863, in-8, br.

491. Relation de l'état présent de la ville d'Athènes, ancienne capitale de la Grèce, bâtie depuis 3400 ans ; avec un abrégé de son histoire et de ses antiquités. *Lyon, Louis Pascal*, 1674, in-12, carte, parch.

Cet ouvrage très rare a été attribué à J. Spon, qui n'en a composé que la préface ; il est du P. Jacq.-Paul Babin, jésuite.

492. Mémoire sur l'île de Thasos, par G. Perrot. *Paris, Imp. Imp.*, 1864, gr. in-8, cartes et fig. br.

493. Le Voyage de Candie, fait par l'armée de France en l'année 1669, par M. des Reaux de la Richardière. *Paris, Pralard*, 1671, in-16, figure, carton.

AFRIQUE ET ASIE.

494. Le Livre de Marco Polo, citoyen de Venise, conseiller privé et commissaire impérial de Khoubilaï-Kaân, rédigé en français sous sa dictée en 1298 par Rusticien de Pise, pub. par Pauthier. *Paris, Didot*, 1865, 2 vol. gr. in-8, carte in-fol. pliée, br.

495. Relacion del origen y successo de los Xarifes y del Estado de los Reinos de Marruecos, Fez, Tarudâte, y los de mas, q tien en usurpados, compuesta por Diego de Torres. *Sevilla*, 1586, pet. in-4, v. fauve. (*Aux armes du président de Thou*).

Exemplaire provenant de la bibliothèque J. de Bure.

496. Voyage de M. Le Vaillant dans l'intérieur de l'Afrique par le cap de Bonne-Espérance, dans les années 1780, 81, 82, 83, 84 et 85. *Paris, Leroy*, 1790, 2 tomes en 1 vol. in-4, v. écaille, tr. dor.

Exemplaire en grand papier.

497. Histoire de Rasselas, prince d'Abyssinie, par Samuel Johnson. Traduction nouvelle et posthume, avec le texte en regard par Mme ***. *Paris, Baudry*, 1832, in-8 br.

498. Les Quatre premiers livres des navigations et pérégrinations Orientales, de N. de Nicolay Dauphinois, Seigneur d'Arfeville, Varlet de chambre et géographe ordinaire du Roy. *Lyon Guil. Rouille*, 1568, in-fol., titre avec encadr., nombr. et belles fig. grav., parch.

499. Voyage en Abyssinie, dans le pays des Galla, de Choa et d'Ifat, précédé d'une excursion dans l'Arabie Heureuse, par Combes et Tamisier. *Paris*, 1839, 4 tomes en 2 vol. in-8, carte, dem. v. f., n. rog.

500. Voyage en Arménie et en Perse, par A. Jaubert, précédé d'une notice sur l'auteur par Sédillot. *Paris, s. d.*, in-8, portrait, v. fauve, fil., dent. int., tr. dor.

Très bel exemplaire accompagné d'une lettre autographe de l'auteur à M. Sédillot.

501. Histoire de la guerre Saincte, dite proprement la Franciade Orientale, contenant ce que les François et autres Princes Occidentaux ont heureusement exécuté contre les Turcs, Sarrasins et infidèles, tant par le recouvremêt et conqueste de la Saincte Cité et Royaume de Jérusalem, que de la Terre de promission et de toute la Syrie, etc., faite latine par Guillaume, archevesque de Tyr, trad. en françois par Gabriel du Préau, natif de Marcoussis, près Montlhéry. *Paris, Robert Le Mangnier*, 1573, in-fol., parch. à recouvrem.

502. Voyage d'Alep à Jérusalem, à Pâques en l'année 1697, par H. Maundrell. Trad. de l'anglais. *Paris, Ribou,* 1706, in-12, fig., v. f., fil., n. rog.

503. Voyage de Syrie et du Mont-Liban, par de La Roque. *Amsterdam*, 1723, 2 vol. in-12, fig., br.

504. Voyage en Syrie, peinture des mœurs musulmanes, chrétiennes et israélites par Henri Guys. *Paris*, 1855, in-8, br.

505. Lettres écrites d'Egypte et de Nubie en 1828 et 1829, par Champollion le jeune. *Paris*, 1868, gr. in-8, fig., pap. de Holl., br.

506. L'Egypte à petites journées, études et souvenirs par Arthur Rhoné. *Le Kaire et ses environs. Paris, Leroux*, 1877, gr. in-8, fig., cartes, plans, br.

507. Les aventures du capitaine Magon ou une exploration phénicienne mille ans avant l'ère chrétienne, par L. Cahun. *Paris, Hachette*, 1875, gr. in-8, 72 fig. de Philippoteaux, une carte br.

508. Voyages de François Bernier, contenant la description des Etats du grand Mogol, de l'Hindoustan, du royaume de Kachemire, etc. *Amsterdam, P. Marret*, 1699, 2 vol. in-12, cartes et fig., dem.-rel. n. rog.

509. Histoire des avanturiers qui se sont signalez dans les Indes, contenant ce qu'ils ont fait de plus remarquable depuis vingt années, etc. par A. O. Oexmelin. *Paris, J. Le Febure*, 1688, 2 tomes en 1 vol. in-12, titre gravé, fig. en taille douce, cartes, v. marb.

Edition originale.

510. Souvenirs d'un voyage dans la Tartarie, le Thibet et la Chine pendant les années 1844, 1845, et 1846, par M. Huc. *Paris*, 1853, 2 vol. in-8, carte, dem. v. antique.

511. Relation du naufrage d'un vaisseau hollandois sur la coste de l'isle de Quelpaerts, avec la description du royaume de Corée, trad. du flamand (de Henry Hamel), par M. Minutoli. *Paris, Louis Billaine*, 1670, pet. in-8, mar. rouge. fil., tr. dor. (*Purgold*).

Exemplaire ayant appartenu à Etienne Balaze, avec sa signature sur le titre et au comte de la Bédoyère.

AMÉRIQUE, COLONIES, ETC.

512. Relation abrégée, de quelques missions des pères de la Compagnie de Jésus dans la nouvelle-France, par le R. P. Bressany, trad. de l'Italien, par Martin. *Montréal*, 1852, in-8 de 336 pp. br.

513. Cartier (Jacques). Voyage au Canada en 1534, publ. par Michelant. — Bref récit et succinte narration de la navigation de J. Cartier au Canada. — Relation originale du voyage de J. Cartier au Canada, publ. par Michelaut et Ramé. *Paris, Tross*, 1863-67, 3 vol. in-8, fig. et plans, pap. verg., br.

514. Lettre de Christophe Colomb sur la découverte du Nouveau-Monde ; trad. en français par L. de Rosny. *Paris, Gay*, 1865, 44 pp. gr. in-8, pap. vergé, br. (*Tiré à 125 exempl.*)

515. Relations des quatre voyages entrepris par Christophe Colomb pour la découverte du Nouveau-Monde de 1492 à 1504, par Don M. F. de Navarrete. *Paris*, 1828, 3 vol. in-8, portraits, cartes et fac-similé, br.

516. Histoire de la Louisiane, par Barbé-Marbois. *Paris*, *Didot*, 1829, in-8, carte, br.

517. Description géographique de la Guyane, par le sieur Bellin, Ingénieur de la marine. *Paris*, *Didot*, 1763, in-4, pl., maroq. rou., fil., tr. dor.

518. Mémoires de John Tanner, ou trente années dans les déserts de l'Amérique du Nord, traduits par Ernest de Blosseville. *Paris*, 1835, 2 vol. in-8 br.

519. Lettres d'un cultivateur américain adressées à Wm S... ou Esqr. depuis l'année 1770 jusqu'en 1786, par St John de Crèvecœur, trad. de l'anglais, (publ. par P.-L. Lacretelle). *Paris*, 1787, 3 vol. in-8, figures et cartes, dem.-cuir de Russie.

520. Expédition du Mexique. 1861-67. Récit politique et militaire par Niox. *Paris*, 1874, 1 vol. gr. in-8 de 770 pp. de texte, et atlas in-fol., br.

521. Scènes de la nature dans les Etats-Unis et dans le nord de l'Amérique ; ouvrage trad. d'Audubon, par Eug. Bazin. *Paris*, 1857, 2 vol. in-8 br.

522. Carte d'étude pour le tracé et le profil du canal de Nicaragua, par M. Thomé de Gamond, précédée de documents publiés sur cette question par F. Belly. *Paris*, 1858, 90 pp. in-4 de texte et une carte color., gr. in-fol. collée sur toile.

523. De Rochefort à Cayenne. Journal du capitaine de l'*Econome*, par J. de Crisenoy. *Paris*, 1883, gr. in-8 illustré, br.

524. Le Tableau de l'Isle de Tabago, ou de la Nouvelle Oüalchre, l'une des isles Antilles de l'Amérique, (par César de Rochefort). *A Leyde, chez Jean le Carpentier*, 1665, in-12, v.

Edition originale de ce livre rare non cité par Ternaux, il contient le titre, 7 ff. prélim. et 144 pp.

525. Relation historique de la découverte de l'isle de Madère trad. du portugais (de Fr. Alcaforado). *Paris*, 1671, in-12, v. f.

526. Les Philippines. Histoire, géographie, mœurs, agriculture, industrie et commerce des colonies espagnoles dans l'Océanie, par J. Mallat. *Paris*, 1846, 1 vol. gr. in-8 de 380 pp. de texte et atlas in-fol., dem.-v. f.

527. Bontier (P. religieux de St François) et Le Verrier (Jean prestre). Histoire de la première descouverte et conqueste des Canaries. Faite dès l'an 1492, par Jean de Bethencourt... Escrite du temps même par Pierre Bontier et Jean le Verrier, et mise en lumière par Galien de Béthencourt. *Paris*, *Michel Soly*, 1630, pet. in-8, de IX — 208 pag., et 6 ff. de table, beau portrait grav. par Moncornet. — Traité de la Navigation et des Voyages de descouverte et conqueste modernes et principalement des François. Avec une exacte et particulière description de toutes les Isles Canaries, les preuves du temps de la conqueste d'icelles, et la généalogie des Bethencourts et Braquemons. Le tout recueilly de divers autheurs, observations, titres et renseignements. *Paris, J. de Heuqueville et Michel Soly*, 1629, pet. in-8, de IV — 303 pag., ens. 2 part. en 1 vol. v. br. (*Armoiries*).

Bel exemplaire ayant appartenu au Maréchal de Fabert, (2 lignes autographes du Maréchal sur la garde du volume).

Les cartons pour les pages 295 à 298 du *Traité de la Navigation* se trouvent intercalés avec la table.

Ouvrage très rare, bien conservé.

528. Description de l'archipel des Açores, des Canaries, considérations sur l'Ocean Atlantique sur l'Océan Indien, sur l'Océan pacifique, par de Kérhallet. *Paris*, 1851-52, ens. 5 vol. ou broch. in-8.

529. Histoire des colonies françoises et les fameuses découvertes depuis le fleuve de St Laurent, la Louisiane et le fleuve Colbert jusqu'au Golphe Mexique achevées de feu Monsieur de la Salle avec les Victoires remportées en Canada par les armes de Sa Majesté sur les Anglois et les Iroquois en 1690. *Paris, et Lyon, chez Thomas Amaulry*, 1692, 2 vol., in-12, bas.

MÉLANGES HISTORIQUES ET LITTÉRAIRES

530. Mémoires de Michel de Marolles, abbé de Villeloin, avec des notes historiques et critiques. *Amsterdam*, 1755, 3 vol. in-12, portrait par Desrochers *(ajouté)*, dem.-v. n. rogn. (*Rare*)

531. Le Spectateur, ou le Socrate moderne, où l'on voit un portrait naïf des mœurs de ce siècle (par Steele), trad. de l'anglais (par Elie de Joncourt). *Amsterdam et Leipzig, chez Arkstée et Merkus*, 1768, 8 vol. in-12, portrait et figure, v. f. fil., tr. dor.

532. Ducatiana ou remarques de feu M. Le Duchat sur divers sujets d'histoire et de littérature, recueillies dans ses manuscrits et mises en ordre (par Formey). *Amsterdam*, 1738, 2 vol. pet. in-8, frontisp., cart. n. rog.

533. Chevræana. *Paris*, 1697-1700, 2 vol. — Œuvres meslées de M. Chevreau. *La Haye*, 1697, 1 vol., port. Ensemble 3 vol. in-12, v.

534. De la Charlatanerie des savans par Monsieur Menken, traduit en françois (par Durand). *La Haye*, 1721, in-12, front., vign. sur le titre de B. Picart, dem. m. v. tr. sup. dor. n. rog.

535. Recueil de sept pièces en un volume, in-8, dem. mar. vert.

Atticus éditeur de Cicéron, par Gaston Boissier. 1863. — Essai sur Marc-Aurèle d'après les monuments épigraphiques, par M. Noel des Vergers. 1860. — Essai sur l'exil d'Ovide, par A. Deville. 1859. — Rhytmes français et rhytmes latins, par L. Benlœw. 1862. — Quatre fragments d'Ennius, par Quicherat. (1863). — De Lucrèce et du poème de la Nature, par Patin. 1859, etc.

536. Recueil de douze pièces en un vol. gr. in-8, dem. v. viol.

De l'organigation des bibliothèques dans Paris ; première lettre, par le comte de Laborde. 1845, plans. — Histoire ds Saint-Martin du Tilleul (par Le Prevost). 1848, blasons et plan. — Histoire de Vezelay (Yonne), par Guérard. — Lettres sur l'inauguration du chemin de fer de Strasbourg à Bale, par Mich. Chevalier. 1841. — Une élection à Paris au seizième siècle, par A. Taillandier, 1846. — Recherches historiques sur l'abbaye du Breuil-Benoit, ou diocèse d'Evreux, par J. B. de Xivrey. 1847, 159 pp. et 8 planches. — etc.

Recueil composé par M. Boissonade.

537. Lettres et pièces rares ou inédites publ. et accompagnées d'introductions et de notes par M. Matter. *Paris*, 1846, in-8, br.

538. Variétés littéraires morales et historiques par M. S. de Sacy. *Paris, Didier*, 1858, 2 vol. in-8, br.

539. Fragments et souvenirs, par Victor Cousin. *Paris, Didier*, 1857, gr. in-8 de 534 pp., dem. mar. r. avec coins.

540. Hommes et dieux ; études d'histoire et de littérature, par Paul de Saint-Victor. *Paris, M. Lévy*, 1868, in-8, br.

BIOGRAPHIE

541. Les Vies des hommes illustres comparées l'une avec l'autre par Plutarque de Chéronée, translatées premièrement de grec en françois par Jacques Amyot, et depuis en ceste troisième édition reveues et corrigées en infinis passages par le traducteur.... *Paris, par Vascosan, imprim., du Roy*, 1567, 6 vol. pet. in-8, maroq. rou , fil. ornem. à petits fers sur les plats, tr. dor. (*Reliure ancienne bien conservée*)

Bel exemplaire bien complet de la *Vie des hommes illustres*, avec la partie complémentaire à la fin du tome 6 « *Les vies de Hannibal et Scipion l'Africain, trad. par Charles de Lécluse. Paris, Vascosan*, 1567, 150 pag. de texte. Légère piqure de ver dans la marge supér. des pages 523 à 545 du tome 1er

542. Néron ; sa vie et son époque, par Latour St Ybars. *Paris, M. Lévy*, 1867, in-8, br.

543. Histoire de la vie et des poésies d'Horace par le Baron Walckenaer. *Paris, F. Didot*, 1858, 2 vol in-12, cart., n. rogn.

544. Etude sur G. Chaucer, considéré comme imitateur des Trouvères, par E.-G. Sandras. *Paris*, 1859, in-8, dem.-chagr. rou. av. coins, tr. supér. dor. n. rog.

545. Etude sur la vie et les poésies de Charles d'Orléans, par C. Beaufils. *Paris*, 1861, in-8, br. — Etude sur Alain Chartier, par D. Delaunay. *Paris*, 1876, in-8, br.

546. Etude biographique sur François Villon, par Longnon. *Paris*, 1877, in-8, pap. vergé, br. — François Villon, sa vie et ses œuvres, par Ant. Campaux. *Paris*, 1859, in-8, br.

547. Alde Manuce et l'hellénisme à Venise, par Ambroise Firmin-Didot. *Paris, A. Firmin-Didot*, 1875, in-8, de 646 pp. 4 portr. et 1 fac-sim. br.

548. Valentin Conrart, premier secrétaire perpétuel de l'académie française, sa vie et sa correspondance, étude biographique et littéraire, par R. Kerviler et Ed. de Barthélemy. *Paris*, 1881, gr. in-8, de 672, pp. br.

549. Les Savants Godefroy. Mémoires d'une famille pendant les XVIe XVIIe et XVIIIe siècles *Paris, Didier*, 1873, in-8, br. — Vie philosophique, politique et littéraire de Rivarol, par de la Platière, *Paris, Barba*, 1802, 2 vol. in-12, carton, n. rog. — Etude sur Bayle par C. Lenient. *Paris*, 1855, in-8, br. — Etude sur la vie et les œuvres de Pellisson, par Marcou. *Paris*, 1859, in-8, br.

550. Galileo Galilei, sa vie, son procès et ses contemporains, par P. Chasles. *Paris*, 1862, in-12, portrait, br.

551. Rabelais et son œuvre ; étude historique et littéraire, par Eug. Noel. *Paris, Librairie des Bibiophiles*, 1870, in-8 portrait, br.

Exemplaire sur papier de Chine.

552. La Famille de Ronsart, recherches généalogiques, historiques et littéraires sur P. de Ronsard et sa famille, par A. de Rochambeau. *Paris*, 1868, in-8, pap. de Holl., portr., 20 planches, br.

On a ajouté une lettre autogr. de l'auteur à Sainte Beuve.

553. La Vie de Descartes, (par A. Baillet). *Paris*, 1691, 2 parties en 1 vol. in-4, v. f. tr. dor. dos orné.

Bel exemplaire en grand papier.

554. Vie du Cardinal d'Ossat, (par Mme Thiroux d'Arconville *Paris, Hérissant*, 1771, 2 vol. in-8, v. marbr., fil.

555. Notice sur la vie de Dangeau et sur sa famille. 1854, 107 pp. gr. in-8, port. v. bl. fil. tr. dor. (*Trautz Bauzonnet*).

556. Voltaire, et le président de Brosses, par Foisset. *Paris, Didier*, 1858, gr. in-8, dem.-mar. Laval.

557. Portraits et caractères de personnages distingués de la fin du dix-huitième siècle, suivis de pièces sur l'histoire et la politique, par Senac de Meilhan, précédés d'une notice sur sa personne et ses ouvrages, par M. de Levis. *Paris, Dentu*, 1813, in-8, bas. rac. — Madame la comtesse de Maure ; sa vie et sa correspondance, suivies des maximes de madame de Sablé et d'une étude sur la vie de Mlle de Vandy, par Ed. de Barthélemy. *Paris*, 1863, in-12, br.

558. Le Chancelier Pierre Séguier. Etudes sur sa vie privée, politique et littéraire, par René Kerviler. *Paris, Didier*, 1874, gros in-8, br.

559. La Véritable vie d'Anne Geneviève de Bourbon, duchesse de Longueville (par Bourgoing de Bellefore). *Amsterdam*, 1739, 2 tomes en 1 vol. pet. in-8, vél. bl. (*Armoiries*).

560. Maurice comte de Saxe et Marie Josephe de Saxe dauphine de France, lettres et documents inédits des archives de Dresde, pub. par Le Cte Vitzthum d'Eckstaedt. *Leipsig*, 1867, gr. in-8, dem.-mar. Laval. avec coins, non rog. (*Raparlier*). — Maurice de Saxe ; étude historique d'après des documents inédits, par Saint-René Taillandier. *Paris, Lévy*, 1865, in-8, br.

561. La Vie de Madame Elisabeth, sœur de Louis XVI par A. de Beauchesne. *Paris, Plon*, 1869, 2 vol. gr. in-8, 2 portr. fac-sim. d'autog., plans, dem.-v. antique, tr. sup. dor. n. rogn.

562. Les Vies de plusieurs grands capitaines françois, recueillies par M. de Pavie, baron de Forquevauls. *Paris, J. du Bray*, 1643, in-4, parch. — Notice sur le maréchal de Villars, par M. Sainte-Beuve. *Paris*, 1857, in-8, br. — Championnet général des armées de la république française ou les campagnes de Hollande, de Rome et de Naples par Rousselin de Saint-Albin. *Paris*, 1860, in-8, port. gr. dem.-mar. r., tr. sup. dor.

563. Don Carlos et Philippe II, par Gachard. *Paris M. Lévy*, 1867, in-8, portrait, br.

564. Portraits littéraires par Gustave Planche. *Paris*, 1836, 2 vol. in-8, br.

565. Chateaubriand et son temps par le comte de Marcellus. *Paris*, 1859, in-8, br.

566. Madame Récamier, les amis de sa jeunesse et sa correspondance intime (par Mme veuve Ch. Lenormant). *Paris, M. Lévy*, 1872, in-8, br.

567. Hérold, sa vie et ses œuvres, par B. Jouvin. *Paris, Heugel*, 1868, gr. in-8, portraits, musique, lettre autographe, br.

568. W. Gœthe. Les Œuvres expliquées par la vie ; 1749-1795. — Les dernières années de Gœthe, par A. Mézières. *Paris, Didier*, 1872-73, 2 vol. in-8, br. — Dante et Gœthe ; dialogues, par Daniel Stern. *Paris, Didier*, 1866, in-8, br.

569. Essais historiques et biographiques, par lord Macaulay, traduits par M. Guillaume Guizot. *Paris, M. Lévy*, 1860, 2 vol. gr. in-8, br. — William Shakespeare, par Victor Hugo. *Paris*, 1865, gr. in-8, br.

IMPRIMERIE — BIBLIOGRAPHIE.

570. Eclaircissements sur l'histoire de l'invention de l'imprimerie par A. de Vries, trad. du Hollandais par Noordziek. *La Haye*, 1843, gr. in-8, carton., n. rog.

571. Etude sur la typographie genevoise du XVe au XIXe siècle, et sur les origines de l'imprimerie en Suisse, par Gaullieur. *Genève*, 1855, in-8, 4 planch., br.

572. Annales de l'imprimerie des Estienne ou histoire de la famille des Estienne et de ses éditions, par Renouard. — Les Estienne et types grecs de François Ier, par Aug. Bernard. *Paris*, 1843 et 56, 2 vol. in-8, pap. vergé, br.

573. Les Origines de l'imprimerie à Marseille, recherches historiques et bibliographiques par Bory. *Marseille*, 1858, gr. in-8, pap., vergé, br.

Tiré à 100 exemplaires.

574. Annales de l'imprimerie des Elsevier, ou histoire de leur famille et de leur éditions, par Ch. Pieters. Seconde édition. *Gand,* 1858, gros in-4, pap. vergé de Holl. carton. n. rog. *(Avec une notice de corrections et d'additions publ. en 1860)*

---

575. La France littéraire au XVe siècle ou catalogue raisonné des ouvrages en tout genre imprimés en langue française, jusqu'en l'an 1500, par G. Brunet. *Paris,* 1865, in-8, pap. vergé, br.

Tiré à petit nombre.

576. Le Bibliophile illustré, revue mensuelle de la Bibliographie antiquaire texte et gravures, par J. Ph. Berjeau, avec la collaboration de MM. Paul Lacroix, G. Brunet, A. Bernard, du 15 Août au 15 Juillet 1862. *Londres*, 1862, 12 n[os] en 1 vol., gr. in-8, fig. sur bois, br.

577. Inventaire de la bibliothèque du roi Charles VI, fait au Louvre en 1423 par ordre du régent duc de Bedford pub. par Douet d'Arcq. *Paris,* pour la Société des bibliophiles, 1867, in-8, pap vergé, dem. chagr. r. tr. sup. dor. n. rog.

578. La Bibliothèque de Charles d'Orléans à son chateau de Blois en 1427, publiée par Le Roux de Lincy. *Paris, Didot*, 1843, gr. in-8, pap. verg. de Holl., dem. cuir du Russie, tr. sup. dor. n. rog.

579. Notice sur les heures gothiques imprimées à Paris à la fin du XVe siècle et dans une partie du XVIe siècle, par J.-C. Brunet. *Paris, Didot*, 1864, gr. in-4, texte encadré. marque typograph., pap. vergé de Holl., br.

580. Notices bibliographiques, par Charles Nodier. *Paris,* 1834-35. in-8, v. m. fil., dent. intér., tr. sup. dor.

On a joint une lettre autographe de Charles Nodier à M. de Pixéricourt.

Ce Recueil contient les ouvr. suivants : 1° De quelques livres satyriques et de leur clef. 1ere et 2eme parties. 2° De la maçonnerie et des bibliothèques spéciales, 2 parties. 3° De la liberté de la presse avant Louis XIV. 4° Notice sur le romancero françois. 5° Nouvelles recherches bibliographiques peur servir de supplément au manuel du libraire et de l'amateur, par M. Brunet. 6° Des matériaux dont Rabelais s'est servi pour la composition de ses ouvrages. 7° Des auteurs du seizième siècle qu'il convient de réimprimer. 8° Comment les patois furent détruits en France. 9° Du langage factice appelé macaronique. 10° De la reliure en France au dix neuvième siècle. 11° Des nomenclatures scientifiques. 12° Echantillons curieux de statistique. 13° Des artifices que certains auteurs ont employés pour déguiser leurs noms. 14° Des annales de l'imprimerie des Aldes. 15° Des papillotes du perruquier d'Agen. 16° De quelques langues artificielles qui se sont introduites dans la langue vulgaire. 17° Bibliographie des fous, 2 parties. 18° Dictionnaire de l'académie française. sixième édition. 19° Du dictionnaire de l'académie et des satires publiées à l'occasion de la première édition, 2 articles.

581. Bibliographie Molièresque, par Paul Lacroix (Bibliophile Jacob.) *Paris*, *Fontaine*, 1875, gr. in-8, papier de Hollande port. gr. par Lalauze, br.

582. Bibliographie Cornélienne, par Emile Picot. *Paris, Fontaine*, 1876, gros, in-8, pap. de Holl. port. br.
Tiré à petit nombre.

583. Bibliographie des ouvrages illustrés du XIVe siècle, principalement des livres à gravures sur bois, par Jules Brivois. *Paris, Rouquette*, 1883, gr. in-8, pap. vergé br.

584. Bric-à-Brac, avec son catalogue raisonné, par Grille. *Paris*, 1853, 2 vol. in-12, br.

585. Recherches sur Jean Grolier sur sa vie et sa bibliothèque suivies d'un catalogue des livres qui lui ont appartenu, par Le Roux de Lincy. *Paris, Potier*, 1866, gr. in-8, de 491 pp., pap. vergé et atlas in-fol. en carton.

586. Bibliotheca Splendissima. A catalogue of a superlati-vely splendid and extermine Library, conigned from continent. (Bibliothèque de M. de Talleyrand-Perigord). *London, Leigg and Sotheby*, 1816, in-8, dem.-cuir de Russie av. coins. (*Prix et nom des acquéreurs*).
— Catalogue de la Bibliothèque de M. de Talleyrand Perigord. *Londres Sotheby*, 1793, in-8, dem.-cuir de russie av. coins.

587. Catalogus librorum illustrissimi viri Caroli Henrici comitis de Hoym. Digestus et descriptus à Gabriele Martin. *Parisiis*, 1738, in-8, v. f. (*Mouillures.*). (*Avec les prix de vente*).(*Armoiries*).

588. Bibliotheca Heinsiana sive catalogus librorum, etc *Lugd.-Batav.*, *s. d.*, in-12, portr. v. fauve, fil., dos orn., n rogn.

589. Catalogues des livres, des manuscrits, et documents originaux relatifs à l'histoire de la province de Lorraine et des trois évêchés, à l'histoire de la ville de Metz et du pays Messin depuis le VIIe siècle jusqu'au XVIIIe ; de la collection de lettres autographes et de documents historiques concernant l'histoire de la réforme pendant les XVIe et XVIIe siècles, etc., provenant du cabinet de M. le comte Emmery. *Metz, Lecouteux*, 1849-50, 4 parties en 1 vol. in-8, dem.-v. f.

590. Catalogue de la bibliothèque de M. Félix Solar. *Paris. Techener*, 1860, gr. in-8, dem.-mar. r. (*Avec les prix et la table des noms d'auteurs*).

591. Catalogue des livres de la bibliothèque de feu M. Mirabeau l'aîné. *Paris*, 1791, in-8, de 440 pp. v. écaille, fil. (*Prix*).

Ce catalogue contient 2854 articles.

592. Racinet (Charles). De la revendication des livres, estampes et autographes appartenant à la Bibliothèque impériale et à la Bibliothèque Sainte-Geneviève. — Le Breviarium romanum sur vélin de Nicolas Jenson appartenant à la Bibliothèque Sainte-Geneviève. *Paris*, 1858, 2 vol. in-8, br.

PALÉOGRAPHIE. — ARCHIVES. — ETC.

593. Paléographie des chartes et des manuscrits du XIe au XVIIe siècle, par Chassant, 10 planches, in-4. — Dictionnaire des abréviations latines et françaises usitées dans les inscriptions lapidaires et métalliques les manuscrits et les chartes du Moyen-Age, par le même. *Paris*, 1876, 2 vol. pet. in-8, cart.

594. Paléographie française ou méthode de lecture des manuscrits français du XIIIe au XVIIe siècle inclusivement, par Hyacinthe Renaud. *S. l.*, 1860, in-4, 25 exercices de paliographie, dem.-v. noir.

595. Les Archives de la France ou histoire des archives de l'empire, des archives des ministères des départements, des communes, etc. contenant l'inventaire d'une partie de ces dépôts, par H. Bordier. *Paris, Dumoulin*, 1855, in-8, br.

596. Les Manuscrits de la Bibliothèque du Louvre brûlés dans la nuit du 23 au 24 mai 1871, sous le règne de la commune, par Louis Paris. *Paris*, 1872, gr. in-8, br.

597. Histoire du dépôt des archives des affaires étrangères à Paris au Louvre en 1710, à Versailles en 1763 et de nouveau à Paris en divers endroits depuis 1796, par Armand Baschet. *Paris, Plon*, 1875, gr. in-8, portrait, br.

598. Notice des archives de M. le marquis du Hallay-Coëtquen. — Catalogue des archives, etc. *Paris*, 1851, in-8, fac-simile dem.-rel.

599. Les Autographes en France et à l'étranger; portraits, caractères, anecdotes, curiosités, par M. de Lescure. *Paris, J. Gay*, 1865, in-8, br.

600. Catalogues des collections de lettres autographes de MM. Brissot-Thivars et de Lajarriette. *Paris*, 1854 et 1860, en 1 vol. in-8, dem.-chagr. vert, n. rogné.

Ces deux importants catalogues contiennent l'un 1120 l'autre 3371 N^{os} avec les prix d'adjudication Mss.

MANUSCRITS

601. Homélies sur les Evangiles, depuis Pâques jusqu'à la Toussaint. *Manuscrit du XIIe siècle,* de 184 ff. sur parch. à longues lignes, réglures à la pointe sèche, initiales rouges bleues et vertes, titres rouges, 242 sur 145 millim. (*Reliure moderne*).

Ce manuscrit a appartenu à l'historien Monteil.

602. Fragment d'un manuscrit du XVe siècle en langue française, comprenant un cahier de 6 feuillets (12 pages) fol. 25 à 32. (*Moins* les ff. 28 et 29, pet in-fol. à longues lignes, écriture très soignée en caractères gothiques, sur beau vélin, initiales rouges et bleues.

Ce fragment contient des ballades et rondels du temps.

603. Estats-Généraux tenus à Fontainebleau sous le règne de François second et à Orléans sous Charles neufiesme en l'année 1560. *Manuscrit d'une belle écriture de la fin du XVIIe siècle*, gros in-fol. v. f.

604. Estatuts des Maistres perpointiers et Couturiers de Toulouse. — Signatures autographes de Maîtres et des Capitouls. *Manuscrit,* daté de 1570, pet. in-fol. de 108 ff. sur parch. avec une miniature (*Le supplice du Christ*), (*rel. bas. fatiguée*).

On a ajouté à ce manuscrit deux pièces manuscrites et une imprimée du XVIIIe siècle relatives à la Corporation des tailleurs d'habits de Toulouse.

Les feuillets de garde de la reliure de ce volume contiennent un fragment de commentaires sur les décrétales XIVe siècle.

605. Coulanges (de). Relation de mon voyage d'Allemagne et d'Italie, ès années 1657 et 1658. — Conclaves d'Alexandre VIII et d'Innocent XII, es années 1689 et 1691. *Manuscrit du XVIIe siècle*, in-fol., v. m.

Exemplaire aux armes de Lefevre d'Ormesson.

606. Estat du gouvernement depuis la mort du Cardinal de Richelieu jusques à la fin des Guerres civiles (par le Duc de La Rochefoucauld). *Manuscrit du XVIIe siècle*, in-fol. de 99 ff. v., m.

Ce manuscrit renferme des détails satiriques sur les préparatifs de guerre en Normandie.

Exemplaire aux armes de Charles, dit le Cardinal de Bourbon, dont les ligueurs avaient fait un roi sous le nom de Charles X.

607. Interrogatoire faict à Françoys Ravaillac, par M. Achilles de Harlay. 1610. *Manuscrit du temps*, pet. in-fol. v. f.

608. Journal de l'expédition de l'Amiral Duquesne aux Indes Orientales en 1690-1691, par P. Lenfant garde marine. *Manuscrit du XVIIe siècle*, pet. in-4, de 172 pag., parchem.

609. Lettres de Bélize à Cléante. *Manuscrit du XVIIe siècle*, pet. in-8, vél. bl., fil. à compart. ornem. sur les plats, tr. dor. (*Rel. anc.*)

610. Lettres de Mademoiselle écrites à Mme de Motteville, fameuses par l'approbation qu'elles receurent à la Cour et à Paris ; et ses réponses à cette princesse, in-fol., v. f. *Manuscrit d'une belle écriture du XVIIe siècle.*

611. Procès criminel fait à Robert comte d'Artois, en l'année 1329. *Manuscrit du XVIIe siècle,* in-fol., 526 ff. (1052 pag., dem.-bas. rou.

On lit sur la garde de ce manuscrit « *Ce recueil a coûté* le 9 Mars 1761, 831 livr. 16 sols.

612. Récit de l'avanture arrivée à Mr. de Milan qui lui a fourny l'occation (sic) de faire les réflections suivantes, etc. *Manuscrit du XVIIe siècle,* pet. in-4, v. fauve.

613. Histoire de M. de Cinq-Mars et de M. de Thou. *Manuscrit du XVIIIe siècle*, in-4 de 182 pag.

614. Recueil intitulé : Papiers qui ont été écrits par S. A. Mgr. (le Cardinal de Bouillon) et renvoyés à M. de Coulanges. 1685-1704, in-fol., dem.-rel. parch.

Ce recueil autographe se compose de remarques sur les mémoires de Coulanges.

615. Relation de Portugal en 1688. — De la manière dont on vit à Lisbonne. *Manuscrit du temps*, belle écriture, in-fol. de 84 et 16 pag. v. m.

Cette relation a été rédigée par Amelot ambassadeur de France, et de Piles son secrétaire.

616. La Chalotais. Mémoire requête de MM. de La Chalotais et de Caradeuc procureurs généraux au Parlement de Bretagne. *Manuscrit original*, in-4 de 122 pag.

Précieux manuscrit dans lequel on trouve la pensée de l'auteur, les additions autographes de La Chalotais sont nombreuses, quelques unes ont une demi-page, ces corrections sont curieuses on y reconnait l'homme d'expérience qui sait que l'injure est une triste défense, partout où le trait est trop hardi, il l'efface et le remplace par une expression moins blessante.

617. Les dernières amours de Louis XIV dit le Grand, avec Mlle Dutrot nièce de M. Bontemps, 1711. *Manuscrit d'une belle écriture du temps*, in-4, 316 pag., dem.-bas. rou.

618. Mémoires et réflections sur les principaux évènements du règne de Louis quatorze, et sur le caractère des hommes qui y ont eu la principale part. *Manuscrit du XVIIIe siècle*, in-4 de 294 pag., v. m.

619. Relations de la vie et des vertus de quelqu'unes des filles de la mère Angélique au nombre des quelles ont été sa mère et ses sœurs qui sont mortes religieuses à Port Royal, etc. *Manuscrit du XVIIIe siècle*, pet. in-4 de 383 pag., cart.

620. Mon portrait historique et philosophique. *Manuscrit autographe de Saint-Martin le philosophe inconnu*, in-8 de 491 pag., maroq. rou., dent. intér. (*Capé*).

SUPPLÉMENT.

622. RURAL architecture, or dessigns from the simple cottage, to the decorated villa, by John Plaw. *London*, 1790, in-4, frontisp., 60 planches, v.

623. Théatre des Grecs, par le P. Brumoy, nouvelle édition, enrichie de très belles gravures et augmentée de remarques nouvelles par MM. de Rochefort et du Theil. *Paris*, *Cussac*, 1785-89, 13 vol. in-4, mar. rouge, fil. tr. dor. (*Bisiaux*).

Un des rares exemplaires tirés en grand papier vélin in-4, avec les 23 *fig. avant la lettre* de Borel, Defraine, Le Barbier, Marchal, Marchand, Marillier et Monnet.

624. Molière. Œuvres avec des remarques grammaticales, des avertissements et des observations sur chaque pièce, par. M. Bret. *Paris, pour la compagnie des libraires associés*, 1773, 6 vol. in-8, v. écaille fil. tr. dor.

Cette édition contient : 1 portrait d'après Mignard, gravé par Cathelin : 6 fleurons sur les titres par Moreau, et 33 fig. par Moreau gravées par Baquoy, Masquelier, etc.

625. Regnard. Œuvres. Nouvelle édition. *Paris, Maradan*, 1790, 4 vol. gr. in-8, port., 12 fig. dont 9 de Borel, mar. rou. à comp. tr. dor. (*Anc. reliure*).

Bel exemplaire en papier de hollande, quelques taches de rousseur.

626. RÉPERTOIRE du théâtre françois, ou recueil des tragédies et comédies restées au théâtre depuis Rotrou, avec des notices sur chaque auteur et l'examen de chaque pièce, par M. Petitot. *Paris*, 1803-1884, 22 vol. in-8, fig., dem.-rel.

627. La Fayette (Mme de). Zayde, histoire espagnole, par M. de Segrais. (Mme de La Fayette), avec un traité de l'origine des romans par M. Huet. *Paris*, *Claude Barbin*, 1670-71, 2 vol. pet. in-8 de 100-442 et 2 ff., 536 pp. maroq. rou., dos orné., compart. à la Duseuil, dent. int. tr. dor. (*Lortic*)

Edition originale. Bel exemplaire, haut. 155 millim.

www.ingramcontent.com/pod-product-compliance
Ingram Content Group UK Ltd.
Pitfield, Milton Keynes, MK11 3LW, UK
UKHW020352180726
13839UKWH00003B/1051

9 782329 538402